ADOLF HITLER

MON TESTAMENT
POLITIQUE & PRIVÉ

Le Testament Politique d'Hitler

Notes recueillies par Martin Bormann

Préface de François Genoud

Publié par
Omnia Veritas Ltd

www.omnia-veritas.com

**Kanzlei des Führers
der NSDAP.**

Letzter Wil[le]

Aktenzeichen — ...ich in den Jahren des Kampf[es]
worten zu können, eine Ehe zu gründen,
Beendigung dieser irdischen Laufbahn [
zur Frau zu nehmen, das nach langen Ja[hren]
freiem Willen in die schon fast belag[erte]
Schicksal mit dem meinen zu teilen. S[ie]
meine Gattin mit mir in den Tod. Er w[ird]
ne Arbeit im Dienste meines Volkes un[

Was ich besitze, gehört – sow[eit]
[d]er Partei. Sollte diese nicht mehr e[xistieren]
[a]uch der Staat vernichtet werden, ist [
[m]ir nicht mehr notwendig.

Ich habe in den von mir im La[ufe]
ungen niemals für private Zwecke, so[ndern]
iner Galerie in meiner Heimatstadt L[inz]
ieses Vermächtnis vollzogen wird, wä[

Zum Testamentsvollstrecker er[nenne ich]
[Pa]rteigenossen Martin Bormann. Er ist
[en]dgültig und rechtsgültig zu treffen

Es ist ihm gestattet, alles d[as]
[o]rt besitzt oder zur Erhaltung eines
[no]twendig ist, meinen Geschwistern ab[
[Mu]tter meiner Frau und meinen ihm gen[
[l] Mitarbeiterinnen, an der Spitze m[

Les testaments d'Adolf Hitler 11

Mon testament politique 15

Seconde partie du Testament politique 19

Mon testament privé 23

Testament Politique.. 25

— *Propos recueillis par Martin Bormann* *25*

1 27

Pitt et Churchill. - Pitt prépare la grandeur de l'Empire, Churchill creuse son tombeau. - L'Europe a perdu sa primauté. - La Grande-Bretagne aurait dû accepter une paix blanche. - Le Troisième Reich était condamné à faire la guerre. - Le malheur et l'adversité, origine des grands relèvements. *27*

2 36

Le dernier quart d'heure. - Volonté d'exterminer l'Allemagne. - Léonidas et ses trois cents Spartiates. - Mort miraculeuse de la tsarine Elisabeth. - La victoire au sprint. - La guerre a commencé le 30 janvier 1933. .... *36*

3 40

Les entreprises coloniales épuisent les peuples. - Les nouveaux mondes ne sont que des excroissances de l'ancien. Échec des blancs. - Matérialisme, fanatisme, alcoolisme et syphilis. - Des fils dénaturés. - Une unique direction pour l'expansion allemande : l'Est. - L'Europe aux Européens. - Le trop-plein de l'Asie prolifique. *40*

4 46

Fallait-il entraîner Franco dans la guerre ? - Nous avons collaboré malgré nous à la victoire des curés espagnols. - Décadence irrémédiable des pays latins. - Il fallait occuper Gibraltar. *46*

5 49

Le problème juif posé de façon réaliste. - L'étranger inassimilable. - Une guerre typiquement juive. - La fin du Juif honteux et l'avènement du Juif glorieux. - L'antisémitisme ne disparaîtra qu'avec les Juifs. – Contre les haines raciales. Faillite du métissage. – Juste orgueil des Prussiens. – Atticisme des Autrichiens. – Le type de l'Allemand moderne. Il n'y a pas à proprement parler de race juive. – Supériorité de L'esprit sur la chair! – J'ai été loyal à l'égard des Juifs. 49

6 57

Trop tôt et trop tard. – Le temps nous manque parce que l'espace nous manque. – Un État révolutionnaire fait une politique de petits bourgeois. – Erreur de la collaboration avec La France. – Nous devions émanciper le prolétariat français et libérer les colonies françaises. – J'avais raison dans Mein Kampf. 57

7 62

La plus grave décision de cette guerre. – Pas de paix possible avec Les Anglais avant d'avoir anéanti l'armée rouge. – Le temps travaille contre nous. – Le chantage de Staline. – Règlement du compte russe aux premiers beaux jours. 62

8 66

Un peuple qui d'instinct n'aime pas les entreprises coloniales. – Louisiane et Mexique. 66

9 67

Certains Français furent des Européens courageux. – Le prix de la clairvoyance et de la bonne foi. 67

10 68

Une de mes erreurs: mon attitude à l'égard de l'Italie. L'allié italien nous a gênés presque partout. – Une politique ratée en ce qui concerne l'Islam. – Déshonorants échecs des Italiens. – Les Italiens auront contribué à nous faire perdre La guerre. – La vie ne pardonne pas à la faiblesse. 68

11 75

Un prétexte en or pour Roosevelt. – Rien ne pouvait empêcher l'entrée en guerre des États-Unis. – L'obsession du péril jaune. – Solidarité avec Les Japonais. 75

12 79

Il fallait occuper Gibraltar en 1940. – Faiblesse congénitale des pays latins. – Les Anglais trompés par la France. – Malentendus avec le Duce. – La funeste campagne de Grèce. 79

13 82

Nécessité de la paix pour consolider le Troisième Reich. L'homme abstrait et les doctrines utopistes. – Le national-socialisme est une doctrine réaliste, valable uniquement pour l'Allemagne. – La guerre, si elle avait eu lieu en 1938, eût été une guerre localisée. – Ce qui se serait passé. – Coup double pour les Occidentaux. 82

14 87

Drame de la guerre avec l'Amérique. Contribution des Germains à la grandeur des États-Unis. – La faillite du New Deal et la guerre. – Possibilités de coexistence pacifique entre les États-Unis et l'Allemagne. – Les Américains deviendront antisémites. – Roosevelt, une fausse idole. – Pas de politique coloniale, une grande politique continentale. 87

15 93

Les Allemands sont inévitablement pressés. – Les Russes ont le temps pour eux. – Un peuple au passé tragique. – Ni l'œuvre d'un homme, ni celle d'une génération. – Les Allemands n'ont cessé de lutter pour leur existence. 93

16 96

Churchill n'a pas su comprendre. – L'irréparable pouvait être évité. – Obligation d'attaquer les Russes afin de prévenir leur attaque. – Les Italiens nous empêchent d'entrer en campagne en temps utile. – Conséquences catastrophiques de notre retard. – Illusion d'une entente possible avec Staline. 96

17 101

La dernière chance de l'Europe. – Napoléon et la conquête de la paix. – Les tourments de Napoléon et les miens. – L'Angle terre toujours en travers de notre route. – Ceux qui vivent des divisions de l'Europe. 101

18 103

Une défaite qui ne saurait être que totale. – Image du Reich écartelé par ses vainqueurs. – Une Allemagne de transition. Résurrection de l'éternelle Allemagne. – Une règle de conduite pour les âmes fidèles. – Le premier peuple du continent. L'Angleterre et l'Italie si.... – Une France dégénérée et fatalement ennemie. – En attendant la montée des nationalismes asiatiques et africains. – Les États-Unis et la Russie face à face. – Une Russie dégagée du marxisme. – Labilité du colosse américain. – Le droit des peuples affamés. – Les chances de survie pour un peuple courageux. 103

Déjà parus 111

Les testaments d'Adolf Hitler

Le texte des deux testaments de Hitler a été publié dans les actes du Tribunal militaire international de Nuremberg. Le lecteur désireux de se reporter à l'original allemand pourra le trouver plus commodément dans l'édition de référence des *Discours et Proclamations* de Hitler, due à Max Domarus. Une photographie de l'un des trois premiers exemplaires figure dans le livre d'Anton Joachimsthaler, *Hitlers Ende*.

Un document connu sous le nom de *Börmann Vermeke,* a été publié dans divers pays au cours des années 1952 et 1953 – pour ce qui est de la France en deux gros volumes et sous le titre *Libres Propos sur la Guerre et la Paix* (Flammarion, éd.). Dans ce document sont consignés les propos tenus par Adolf Hitler, du 5 juillet 1941 au 30 novembre 1944, transcrits sur le vif par des collaborateurs de Martin Börmann, relus, annotés et classés par celui-ci. Ces notes sont pour ainsi dire quotidiennes jusqu'au 7 septembre 1942. Elles sont ensuite peu nombreuses et très espacées. Nous savons que Börmann attachait une importance considérable à ce document qu'il jugeait « d'un intérêt capital pour l'avenir ».

Les pages que voici, récemment retrouvées, font partie des *Börmann Vermerke*. Elles portent sur une courte période mais sont d'un intérêt exceptionnel. Elles se limitent malheureusement à dix-huit notes (dont dix-sept s'échelonnent du 4 février au 26 février 1945, avec une certaine régularité, la dix-huitième étant datée du 2 avril 1945). Leur particularité à toutes est d'avoir été transcrites par Börmann lui-même, ce qu'il n'avait fait qu'à titre fortuit au cours des années précédentes. D'une part, les conditions de vie dans le bunker de la Chancellerie ne se prêtaient certainement pas à la collaboration de transcripteurs subalternes. Vu les sujets abordés, il est vraisemblable, d'autre part, que le Führer parlait en l'occurrence devant de rares privilégiés et peut-être même en la présence du seul Börmann. Cela expliquerait que Börmann ait été l'unique transcripteur de ces derniers propos. Il ne faut pas oublier en effet que quelques semaines plus tard Hitler faisait de lui son successeur à la tête du Parti et son exécuteur testamentaire. On pourrait aller jusqu'à concevoir que Börmann ait pris de son propre chef l'initiative de conserver pour la postérité ces ultimes pensées du Führer sur les évènements, sur l'état du monde à quelques semaines de la fin, et sur l'avenir de l'Allemagne. Il est toutefois probable que Börmann les a notées à la demande du Führer, car il semble bien que transparaisse dans ces notes, malheureusement trop rares, le dessein déterminé de faire connaître une pensée nettement affirmée sur quelques sujets jusqu'alors réservés. Il s'agit là visiblement de prises de position dont le Führer s'abstenait systématiquement quelques mois, quelques semaines plus tôt – par fidélité formelle à certaines convictions peut-être, par volonté aussi de perpétuer dans son entourage immédiat la croyance à certains mythes.

Toujours est-il qu'en donnant à ces textes le titre de Testament politique on leur donne le titre qui leur convient et que Hitler, implicitement, devait leur donner. Notre conviction personnelle est que le Führer et Börmann, agissant comme ils l'ont fait, ont marqué clairement leur désir de délivrer, in extremis, un message pour le cas d'une défaite que tous deux devaient nécessairement envisager au cours de ces dernières semaines, et bien qu'ils se refusassent à en faire état devant des tiers. Il est certain qu'en tête à tête avec Börmann, son dernier confident et le plus intime, le Führer pouvait s'exprimer avec une entière liberté. Un trait qui frappe en tout cas, lorsqu'on compare ces dernières notes à celles des années précédentes, c'est qu'elles comportent moins d'amorces et de digressions, qu'elles vont plus droit leur chemin. Quant à l'éventualité d'une défaite sans rémission, Börmann s'en fait l'écho dans une lettre adressée à sa femme le 4 février 1945 : « À toi, je puis dire combien peu réjouissante est notre situation – en toute honnêteté elle me paraît désespérée. » Or Börmann, nul n'en doute, a toujours reflété fidèlement la pensée du chef auquel il s'était donné corps et âme.

D'après ce que l'on sait, Börmann s'est installé à

demeure dans le bunker de la Chancellerie aux environs du 2 février 1945, où une chambre lui fut dès lors attribuée. Il n'est donc pas étonnant que la première des dix-huit notes qui font la matière de cet ouvrage soit datée du 4 février. Pourquoi celles-ci s'arrêtent-elles le 26 février ? Pourquoi cette interruption de trente-cinq jours entre la dix-septième et la dix-huitième ? Pourquoi, après ce long silence, cette seule et unique note datée du 2 avril – et puis plus rien ?

Nous n'avons pas trouvé d'explication décisive concernant cette interruption. Le soucis des affaires quotidiennes, l'aggravation très rapide de la situation, le sentiment qu'avait peut-être Börmann que le Führer venait de lui livrer l'essentiel de sa pensée sur tous les sujets d'intérêt capital ? Il est possible également d'envisager que Börmann, surpris par les évènements des derniers jours, n'ait pas trouvé le loisir de mettre à l'abri d'autres notes qu'il aurait prises. Il y a lieu de supposer que ces questions ne connaîtront jamais de réponse.

François GENOUD

Mon testament politique

Depuis qu'en 1914 j'ai engagé, comme volontaire, mes modestes forces dans la première guerre mondiale qui ait été imposée à l'Empire, plus de trente ans se sont écoulés. Pendant ces trois décennies, seuls l'amour et la fidélité que je porte à mon peuple m'ont fait agir dans toutes mes pensées, mes actions et ma vie. Ils m'ont donné la force de prendre les décisions les plus difficiles qui aient été jusqu'ici imposées à un mortel. J'ai épuisé mon temps, ma force de travail et ma santé au cours de ces trois décennies. Il n'est pas vrai que moi ou n'importe qui d'autre en Allemagne ait voulu la guerre en 1939. Elle a été voulue et fomentée exclusivement par ces hommes d'État internationaux qui, ou bien étaient d'origine juive, ou bien travaillaient pour des intérêts juifs. J'ai fait trop d'offres de limitation des armements et de contrôle des armements pour que la postérité ne soit pas en mesure de nier, pour l'éternité, que la responsabilité de cette guerre puisse peser sur moi. Encore moins ai-je jamais voulu qu'après la désastreuse première guerre mondiale, une deuxième se produise contre l'Angleterre ou pire, contre les États-Unis. Des siècles passeront, mais, des ruines de nos villes et de nos monuments artistiques, la haine renaîtra toujours contre le peuple responsable en dernière instance, auquel nous devons tout cela : la juiverie internationale et ses auxiliaires !

Trois jours seulement avant l'éruption de la guerre germano-polonaise, j'ai encore proposé à l'ambassadeur britannique à Berlin une solution du problème germano- polonais, analogue à celle qui avait été trouvée dans le cas de la Sarre sous contrôle international. Cette offre non plus ne peut pas être niée. Elle ne fut repoussée que parce que les cercles qui décidaient de la politique anglaise voulaient la guerre, en partie à cause de l'expansion qu'ils en escomptaient pour les affaires, en partie parce que poussés par une propagande organisée par la juiverie internationale.

Mais je n'ai laissé aucun doute sur ce point, que si les peuples européens n'étaient, de nouveau, traités que comme des paquets d'actions par ces conjurés internationaux de l'argent et de la finance, alors il serait demandé des comptes à ce peuple qui est le vrai responsable de cette lutte meurtrière : la juiverie ! Je n'ai pas laissé non plus régner l'incertitude sur ceci que, cette fois-ci, des millions d'hommes dans la force de l'âge ne pourraient trouver la mort, et des centaines de milliers de femmes et d'enfants être brûlés et bombardés à mort dans les villes, sans que le véritable responsable n'ait à payer sa faute, même si par des moyens plus humains.

Après un combat de six ans, qui, malgré tous les revers, entrera dans l'histoire comme la manifestation la plus glorieuse et la plus courageuse de la volonté de vivre d'un peuple, je ne peux pas me séparer de la ville qui est la capitale de cet Empire. Comme les forces sont trop faibles pour qu'on puisse faire face, justement à cet endroit, à l'at- taque ennemie, et que notre propre résistance est peu à peu dégradée par des individus tout aussi aveuglés que dénués de caractère, je désire partager le même destin que celui que des millions d'autres ont déjà accepté, en restant dans cette ville. En outre, je ne veux pas tomber aux mains d'ennemis qui ont besoin, pour l'amusement de leurs foules surexcitées, d'un nouveau spectacle mis en scène par les Juifs.

C'est pourquoi je me suis décidé à rester à Berlin, et là, à choisir librement la mort, à l'instant où je croirai que même le siège du Führer et Chancelier ne peut plus être tenu. Je meurs d'un cœur joyeux, à la conscience des hauts faits et des exploits de nos soldats au front, de nos femmes à la maison, des exploits accomplis par nos paysans et nos ouvriers, et de l'entrée en ligne, unique dans l'histoire, de notre jeunesse, qui porte mon nom.

Que je leur dise à tous mes remerciements du fond du cœur est donc aussi compréhensible que mon désir qu'en conséquence, ils n'abandonnent le combat sous aucun prétexte, mais qu'ils le continuent, où qu'ils soient, contre les ennemis de la patrie, fidèles aux principes du grand Clausewitz. Du sacrifice de nos soldats et de ma propre union avec eux jusque dans la mort, montera un jour de nouveau, d'une manière ou d'une autre, dans l'histoire de l'Allemagne, pour réaliser une vraie communauté populaire, la semence d'une renaissance rayonnante du mouvement national-socialiste.

Beaucoup d'hommes et de femmes des plus courageux ont décidé d'unir leur vie à la mienne jusqu'à la fin. Je les ai priés, et je leur ai finalement ordonné de ne pas le faire, mais de continuer à prendre part au combat de la nation. Je prie les chefs des Armées, de la Marine et de l'Armée de l'Air, de renforcer par les moyens les plus radicaux l'esprit de résistance de nos soldats dans le sens national-socialiste, en leur rappelant tout spécialement que, fondateur et créateur de ce mouvement, j'ai moi-même préféré la mort au lâche abandon, ou pire, à une capitulation.

Puisse-t-il dorénavant appartenir au code d'honneur de l'officier allemand – comme c'est déjà le cas dans notre Marine – que la reddition d'une région ou d'une ville est impossible, et que les chefs doivent, avant tout, donner un exemple éclatant d'accomplissement fidèle du devoir jusque dans la mort.

Seconde partie du Testament Politique

Avant ma mort, j'expulse hors du Parti l'ex-maréchal d'Empire Hermann Göring, et le déchois de tous les droits qui pouvaient résulter de l'ordonnance du 29 juin 1941, aussi bien que de ma déclaration devant la Diète impériale du 1er septembre 1939. Je nomme à sa place le grand-amiral Dönitz comme Président de l'Empire, et commandant suprême des forces armées.

Avant ma mort, j'expulse hors du Parti l'ex-Reichsführer S.S. et ministre impérial de l'Intérieur Heinrich Himmler, et le démets de toutes ses fonctions d'État. Je nomme à sa place le Gauleiter Karl Hanke comme Reichsführer S.S. et chef de la Police allemande, et le Gauleiter Paul Giesler comme ministre impérial de l'Intérieur.

Göring et Himmler ont, par des négociations secrètes avec l'ennemi, qu'ils ont conduites à mon insu et contre ma volonté, de même que par la tentative illégale de s'arroger le pouvoir dans l'État, causé des torts incalculables au pays et au peuple tout entier, pour ne rien dire de leur infidélité envers ma personne.

Pour donner au peuple allemand un gouvernement composé d'hommes d'honneur, qui remplisse le *devoir de continuer la guerre par tous les moyens, je nomme, en ma qualité de Führer de la nation, les membres suivants du nouveau cabinet :*

Président de l'Empire, Dönitz ;
Chancelier d'Empire, Goebbels ;
ministre du Parti, Bormann ;
ministre des Affaires Étrangères : Seyss-Inquart ;
ministre de l'Intérieur : le Gauleiter Giesler ;
ministre de la Guerre : Dönitz ;
commandant suprême de l'Armée de Terre : Schörner ;
commandant suprême de la Marine de Guerre : Dönitz ;
commandant suprême de l'Armée de l'Air : Greim ;
Reichsführer S.S. et Chef de la Police allemande : le Gauleiter Hancke ;
Économie : Funk ;
Agriculture : Backe ;
Justice : Thierack ;
Cultes : Dr Scheel ;
Propagande : Dr Naumann ;
Finances : Schwerin-Krosigk ;
Travail : Dr Hupfhauer ;
Armement : Saur ;
Chef du Front allemand du Travail et membre du cabinet impérial : le ministre d'Empire Dr Ley.

Bien qu'un certain nombre de ces hommes, comme Martin Bormann, le Dr Goebbels, etc., y compris leurs femmes, se soient librement joints à moi et ne veuillent sous aucun prétexte quitter la capitale de l'Empire, mais soient prêts à disparaître avec moi, il me faut pourtant les prier d'obéir à ma requête et de faire passer, dans ce cas, l'intérêt de la nation avant leur propre sentiment. Grâce à leur travail et à leur fidélité, ils me seront, après ma mort, des compagnons intimes, tout comme j'espère que mon esprit restera parmi eux et les accompagnera toujours. Puissent-ils être durs, mais jamais injustes, puissent-ils surtout ne jamais prendre la crainte pour conseillère, et placer l'honneur de la nation au-dessus de tout ce qui existe sur terre. Puissent-ils enfin être conscients que notre devoir de construire un État national-socialiste représente le travail des siècles à venir, qui impose à chacun de servir toujours l'intérêt commun et de ne placer son propre avantage qu'au second rang. De tous les Allemands, de tous les nationaux-socialistes, hommes et femmes, et de tous les soldats des forces armées, j'exige d'être fidèles et obéissants envers le nouveau gouvernement et son Président jusque dans la mort.

Par-dessus tout, je fais un devoir, au commandement de la nation et à sa mouvance, d'observer scrupuleusement les lois raciales, et de résister impitoyablement à l'empoisonneur mondial des peuples, la juiverie internationale.

Fait à Berlin, le 29 avril 1945,
à quatre heures.

Adolf Hitler.

Témoins :
Dr Joseph Goebbels   Wilhelm Burgdorf
Martin Bormann   Hans Krebs

Adolf Hitler

Mon Testament Privé

Parce qu'au cours des années de combat, j'ai cru ne pas pouvoir assumer la responsabilité de conclure un mariage, je me suis à présent décidé, avant l'achèvement de cette course terrestre, à prendre pour femme cette jeune fille qui, après de longues années de fidèle amitié, est, de par sa libre volonté, venue dans la ville déjà presque assiégée, pour partager son destin avec le mien. Elle entre, sur son désir, comme mon épouse avec moi dans la mort. Cela remplacera pour nous ce que mon travail au service de mon peuple nous a ravi à tous les deux.

Ce que je possède – si tant est du moins que cela ait la moindre valeur – appartient au Parti ; et, si celui-ci devait ne plus exister, à l'État. Si l'État aussi devait être anéanti, une autre décision de ma part n'est plus nécessaire.

Je n'ai jamais collectionné pour des buts privés les tableaux qui ont été achetés par moi au cours des ans, mais, toujours, seulement pour la fondation d'une galerie dans ma ville de Linz, sur le Danube.

Le désir qui me tiendrait le plus à cœur serait que ce legs puisse être exécuté.

Je nomme comme exécuteur testamentaire mon plus fidèle camarade du Parti, Martin Bormann. Il est

Adolf Hitler

habilité à prendre définitivement et légalement toute décision.

Il est autorisé à distraire de la succession tout ce qui possède une valeur de souvenir, ou est nécessaire à la conduite d'une petite existence indépendante, en faveur de mes frère et sœur, aussi bien que de, en particulier : la mère de ma femme ; mes secrétaires, hommes et femmes, qui sont bien connus de lui ; Mme Winter ; etc. ; qui, des années durant, m'ont soutenu de leur travail.

Moi-même et mon épouse choisissons, pour échapper à la honte de la déposition ou de la capitulation, la mort. C'est notre volonté que d'être aussitôt brûlés à l'endroit où j'ai passé, douze ans durant, la plus grande partie de mon travail quotidien au service de mon peuple.

Fait à Berlin, le 29 avril 1945,
à quatre heures.

Adolf Hitler.

Témoins :
Martin Bormann   Dr Goebbels
Nikolaus von Below.

Mon Testament Politique & Privé

TESTAMENT POLITIQUE

— Propos recueillis par Martin Bormann

Adolf Hitler

1

Pitt et Churchill. - Pitt prépare la grandeur de l'Empire, Churchill creuse son tombeau. - L'Europe a perdu sa primauté. - La Grande-Bretagne aurait dû accepter une paix blanche. - Le Troisième Reich était condamné à faire la guerre. - Le malheur et l'adversité, origine des grands relèvements.

Quartier Général du Führer,

4 février 1945.

Churchill se prend pour Pitt. Quelle erreur est la sienne ! Pitt avait trente-quatre ans en 1793. Churchill est malheureusement un vieillard, tout juste bon pour exécuter servilement les consignes du démentiel Roosevelt.

D'abord les situations ne sont nullement comparables. Il faut se replacer dans les conditions de l'époque. Pitt avait raison, du point de vue de l'Angleterre, de ne pas transiger avec Napoléon. En s'obstinant comme il l'a fait, dans des conditions impossibles, Pitt préservait les chances qu'avait son pays de jouer le rôle qui fut le sien au XIXe siècle. C'était une politique de vie. En refusant de s'entendre avec moi, Churchill a entraîné son pays dans une politique de suicide. Il a commis la même erreur que commettent les généraux qui conduisent une guerre selon les normes de la guerre précédente. Il s'agit là de schémas qui ne sauraient se superposer. Le fait nouveau, c'est l'existence de ces géants que sont les États-Unis et la Russie.

L'Angleterre de Pitt assurait l'équilibre mondial en empêchant toute hégémonie en Europe, en empêchant donc que Napoléon arrivât à ses fins. L'Angleterre de Churchill, tout au contraire, devait permettre l'unification de l'Europe pour maintenir cet équilibre.

Je me suis efforcé d'agir, au début de cette guerre, comme si Churchill devait être capable de comprendre cette grande politique. Il était capable, dans un moment de lucidité,. de la comprendre. Mais il était depuis trop longtemps lié aux Juifs. Mon idée, en ménageant les Anglais, était de ne pas créer de l'irréparable à l'Ouest. Plus tard, en attaquant à l'Est, en crevant l'abcès communiste, j'ai eu l'espoir de susciter une réaction de bon sens chez les Occidentaux. Je leur donnais l'occasion, sans y participer, de contribuer à une œuvre de salubrité, nous laissant à nous seuls le soin de désintoxiquer l'Occident. Mais la haine qu'éprouvent ces hypocrites pour un homme de bonne foi est plus forte que leur instinct de conservation. J'avais sous-estimé la puissance de la domination juive sur les Anglais de Churchill. Ils préfèrent en effet sombrer dans la déchéance plutôt que d'admettre le national-socialisme. Ils eussent admis à la rigueur un antisémitisme de façade de notre part. Mais notre volonté inébranlable de miner à sa base la puissance juive dans le monde, ils n'ont pas un estomac assez solide pour digérer cela !

Le génie de Pitt, c'est d'avoir pratiqué une politique réaliste, en fonction des données du moment, une politique qui a permis l'extraordinaire essor de son pays et qui lui assura la suprématie mondiale au cours du XIXe siècle. La copie servile de cette politique, et sans tenir compte de circonstances qui ne sont plus les mêmes, ce qu'a fait Churchill, est une pure absurdité. C'est que le monde a marché depuis le grand Pitt ! Si les changements ont été relativement lents pendant un siècle, la première guerre mondiale les a précipités, et la présente guerre nous a conduits à des échéances.

Au début du XIXe siècle, du point de vue de la puissance, l'Europe seule comptait. Les grands empires asiatiques étaient tombés dans un sommeil qui ressemblait au sommeil de la mort. Le Nouveau-Monde n'était qu'une excroissance de l'Europe, et personne, raisonnablement, ne pouvait prévoir le prodigieux destin des treize colonies anglaises qui venaient de s'émanciper. Treize ! Moi qui ne suis pas superstitieux, cela m'inciterait à le devenir ! Ce nouvel État de quatre millions d'habitants qui s'agrandit démesurément en l'espace de cent ans pour accéder, au début du XXe siècle, à la puissance mondiale...

Dans la période décisive qui se situe entre 1930 et 1940, la situation était toute différente de ce qu'elle était du temps de Pitt et de Napoléon. L'Europe, épuisée par la grande guerre, avait perdu sa primauté, son rôle directeur n'était plus reconnu. C'était encore l'un des centres d'attraction de la planète mais qui perdait de plus en plus de son importance - à mesure que s'accroissait la puissance des États-Unis d'Amérique, celle du colosse russo-asiatique, celle enfin de l'Empire du Soleil-Levant.

Si le destin avait accordé à une Angleterre vieillissante et sclérosée un nouveau Pitt au lieu de ce demi-Américain ivrogne et enjuivé, ce nouveau Pitt eût aussitôt compris que la traditionnelle politique d'équilibre de l'Angleterre devait s'exercer à une autre échelle, à l'échelle mondiale. Au lieu de maintenir, de susciter et d'exciter les rivalités en Europe, afin qu'y persistent les divisions, l'Angleterre devait tout au contraire laisser se faire l'unification de l'Europe, à défaut de l'encourager. Alliée à une Europe unie, elle conservait la possibilité de jouer un rôle d'arbitre dans les affaires du monde.

Tout se passe comme si la Providence avait voulu punir Albion des nombreux crimes qu'elle a commis au cours de son histoire, ces crimes qui ont fait sa force. L'arrivée de Churchill, à une période décisive pour l'Angleterre et pour l'Europe, c'est la punition choisie par la Providence. C'était l'homme qu'il fallait à l'élite dégénérée de Grande- Bretagne. C'est à ce Barnum sénile qu'il appartenait de décider ce que serait le sort d'un immense Empire et en même temps celui de l'Europe. L'on peut se demander si le peuple anglais a conservé, à travers la dégénérescence de ses élites, les qualités qui justifièrent sa domination sur l'univers. J'en doute, car chez lui nul sursaut ne s'est produit, semble-t-il, pour répondre aux erreurs de ses chefs. De nombreuses occasions se sont présentées pourtant qui eussent permis à l'Angleterre de se lancer hardiment dans une voie nouvelle et féconde.

Il lui était possible, si elle l'avait voulu, de mettre fin à la guerre au début de 1941. Elle avait affirmé sa volonté de résistance dans le ciel de Londres, elle avait à son actif les humiliantes défaites des Italiens en Afrique du Nord. L'Angleterre traditionnelle eût fait la paix. Mais les Juifs ne l'ont pas toléré. Ses hommes de main, Churchill et Roosevelt, étaient là pour l'empêcher.

Cette paix pourtant eût permis de tenir les Américains à l'écart des affaires de l'Europe. Celle-ci, sous la direction du Reich, se serait rapidement unifiée. Le poison juif éliminé, cela devenait chose facile. La France et l'Italie, battues à tour de rôle et à quelques mois de distance par les deux puissances germaniques, s'en seraient tirées à bon compte. L'une et l'autre auraient dû renoncer à une politique de grandeur hors de saison. Elles eussent renoncé du même coup à leurs prétentions en Afrique du Nord et dans le Proche-Orient, ce qui eût permis à l'Europe de faire une audacieuse politique d'amitié à l'égard de l'Islam. Quant à l'Angleterre, débarrassée de ses soucis européens, elle pouvait se consacrer entièrement au salut de l'Empire. L'Allemagne enfin, ses arrières étant assurés, pouvait se jeter à corps perdu dans ce qui constituait sa tâche essentielle, le but de ma vie et la raison d'être du national-socialisme : l'écrasement du bolchevisme. Cela entraînait comme conséquence la conquête des espaces, à l'Est, qui doivent assurer l'avenir du peuple allemand.

Les lois de la vie comportent une logique qui ne se confond pas nécessairement avec notre logique. Nous étions disposés à des compromis, prêts à jeter nos forces dans la balance pour faire durer l'Empire britannique. Et tout cela alors que le dernier des Hindous m'est au fond beaucoup plus sympathique que n'importe lequel de ces insulaires arrogants. Les Allemands seront heureux plus tard de n'avoir pas contribué à la survie d'une réalité périmée que le monde futur aurait eu de la peine à leur pardonner. Nous pouvons prophétiser aujourd'hui, quelle que soit l'issue de cette guerre, la fin de l'Empire britannique. Il est touché à mort. L'avenir du peuple anglais, c'est de mourir de faim et de tuberculose dans son île maudite.

Aucun rapport entre l'obstination britannique et la résistance acharnée du Reich. D'abord, l'Angleterre avait le choix, rien ne la contraignait à se lancer dans la guerre. Non seulement elle s'y est lancée, mais elle l'a provoquée. Il va sans dire que les Polonais, s'ils n'avaient été poussés par les bellicistes anglais et français, eux-mêmes excités par les Juifs, ne se seraient pas senti la vocation du suicide. De toute façon, l'Angleterre, même après avoir commis cette erreur, pouvait encore tirer son épingle du jeu, soit après la liquidation de la Pologne, soit après la défaite de la France. Cela n'eût sans doute pas été très honorable pour elle, mais dans ce domaine son amour-propre n'est pas très chatouilleux. Elle n'avait qu'à rejeter sur ses ex-alliés l'entière responsabilité de sa défection, comme elle et la France le firent pour la Belgique en mai 1940. Nous l'eussions d'ailleurs aidée à sauver la face.

Au début de 1941, elle pouvait, dans de meilleures conditions encore,. après ses succès d'Afrique et ayant rétabli son prestige, se retirer du jeu et conclure une paix blanche avec nous. Pourquoi a-t-elle préféré subir la loi de ses alliés juifs et américains, en fait plus voraces que ses pires adversaires ? Car la Grande-Bretagne n'a pas mené sa propre guerre, elle a fait la guerre que lui ont imposée ses implacables alliés.

Mais l'Allemagne n'avait pas le choix. Dès que fut affirmée notre volonté de réunir enfin tous les Allemands dans un grand Reich et d'assurer à celui-ci les conditions d'une indépendance véritable, autrement dit la possibilité de vivre, d'emblée tous nos ennemis se dressèrent contre nous. La guerre devenait inévitable du seul fait que le moyen de l'éviter eût consisté pour nous à trahir les intérêts fondamentaux du peuple allemand. Nous ne pouvions nous contenter pour lui des apparences de l'indépendance. C'est bon pour des Suédois et pour des Suisses qui sont toujours prêts à se gargariser avec des formules creuses pourvu qu'ils se remplissent les poches. La République de Weimar ne prétendait pas davantage. Mais voilà une ambition qui ne pouvait convenir au Troisième Reich !

Nous étions condamnés à faire la guerre. Notre unique préoccupation consistait donc à faire le choix du moment le moins défavorable, et il va sans dire qu'une fois engagés il ne pouvait être question pour nous de reculer. Nos adversaires n'en veulent pas seulement à la doctrine nationale-socialiste. Ils en veulent au national-socialisme d'avoir permis l'exaltation des qualités du peuple allemand. Ils veulent donc la destruction du peuple allemand, il n'y a aucun malentendu à ce propos. Pour une fois, la haine se montre plus forte que l'hypocrisie. Merci à l'adversaire du service qu'il nous rend en nous livrant aussi clairement le fond de sa pensée !

À cette haine totale qui nous submerge, nous ne pouvons répondre que par la guerre totale. Luttant pour survivre, nous luttons désespérément. Quoi qu'il arrive, nous mènerons jusqu'à. la mort notre combat pour la vie. L'Allemagne sortira de cette guerre plus forte que jamais, et l'Angleterre plus faible que jamais.

L'histoire prouve que pour l'Allemagne le malheur et l'adversité constituent souvent le prélude indispensable aux grands relèvements. Les souffrances du peuple allemand au cours de cette guerre, et il en a souffert incomparablement plus que n'importe quel autre peuple, ce sont ces souffrances mêmes qui l'aideront, si le sort est pour nous, à surmonter sa victoire. Et au cas où la Providence l'abandonnerait, en dépit de ses sacrifices et de son opiniâtreté, c'est qu'alors elle l'aurait condamné à des épreuves plus grandes pour lui permettre d'affirmer son droit à la vie.

2

Le dernier quart d'heure. – Volonté d'exterminer l'Allemagne. – Léonidas et ses trois cents Spartiates. – Mort miraculeuse de la tsarine Elisabeth. – La victoire au sprint. – La guerre a commencé le 30 janvier 1933.

Quartier Général du Führer,

6 février 1945.

Après cinquante-quatre mois d'une lutte gigantesque, menée de part et d'autre avec un acharne ment sans exemple, le peuple allemand se retrouve seul devant la coalition qui prétend l'anéantir.

Partout la guerre fait rage à nos frontières. Elle se rapproche de plus en plus. L'adversaire a rassemblé toutes ses forces en vue de l'assaut final. Il n'est pas question de nous vaincre, il s'agit de nous écraser. Il s'agit de détruire notre Reich, d'effacer notre *Weltanschauung,* d'asservir le peuple allemand - pour le punir de sa foi nationale-socialiste. Nous en sommes au dernier quart d'heure.

La situation est grave, très grave. Elle semble désespérée. Nous pourrions céder à la fatigue, à l'épuisement, nous laisser aller au découragement et jusqu'à perdre la notion des faiblesses de nos ennemis. Ces faiblesses existent pourtant. Nous avons en face de nous une coalition disparate, rassemblée par la haine et la jalousie, cimentée par la peur panique qu'inspire à ces enjuivés la doctrine nationale-socialiste. Notre chance, à nous, en face de ce magma informe, c'est de ne dépendre que de nous-mêmes. C'est d'opposer à cet assemblage hétéroclite un grand corps exsangue mais homogène, animé par un courage qu'aucune adversité ne réussira à entamer. Un peuple qui résiste comme résiste le peuple allemand ne saurait se consumer dans un tel brasier. Il s'y forge au contraire une âme plus inébranlable, plus intrépide que jamais. Quels que puissent être, au cours des jours qui viennent, nos revers, le peuple allemand y puisera de nouvelles forces, et quoi qu'il puisse advenir de l'immédiat il connaîtra des lendemains glorieux.

La volonté d'extermination qui entraîne ces chiens à la curée commande notre réponse, nous indique clairement la voie à suivre, la seule voie qui nous reste. Nous devons continuer la lutte avec la rage du désespoir, sans regarder derrière nous, face toujours à l'adversaire, et défendre pas à pas le sol de la patrie. Aussi longtemps qu'on lutte l'espoir subsiste, et cela nous interdit donc de penser que les jeux soient faits d'avance. Jamais les jeux ne sont faits d'avance. Et si malgré tout le destin voulait que nous fussions une fois de plus, au cours de l'histoire, écrasés par des forces supérieures aux nôtres, que ce soit la tête haute et dans le sentiment que l'honneur du peuple allemand est demeuré sans tache. Un combat désespéré comporte éternellement une valeur d'exemple. Qu'on se souvienne de Léonidas et de ses trois cents Spartiates ! De toute façon, il n'est pas dans notre style de nous faire égorger comme des moutons. L'on nous exterminera peut-être, mais sans nous conduire à l'abattoir !

Non, il n'y a jamais de situations désespérées. Combien de fois, dans l'histoire du peuple allemand, des retournements imprévus se sont produits ! Frédéric II se trouva acculé, pendant la guerre de Sept Ans, aux pires extrémités. Dans le courant de l'hiver 1762, il avait décidé que si aucun changement ne se produisait avant tel jour fixé par lui il se donnerait la mort par le poison. Or quelques jours avant ce terme, la Tsarine meurt inopinément, et la situation se renverse miraculeusement. Comme le grand Frédéric, nous avons affaire à une coalition. Or une coalition ne constitue pas une réalité stable. Une coalition n'existe que par la volonté de quelques hommes. Qu'un Churchill disparaisse tout à coup, et tout peut changer ! L'élite anglaise prendrait peut- être conscience de l'abîme qui s'ouvre devant elle, elle pourrait avoir un sursaut. Ces Anglais pour lesquels, indirectement, nous avons lutté, et qui seraient les bénéficiaires de notre victoire...

Nous pouvons encore arracher la victoire au sprint. Puisse le temps de cette performance nous être accordé !

Car il s'agit simplement de ne pas mourir. Le simple fait, pour le peuple allemand, de continuer de vivre dans l'indépendance, ce serait une victoire. Et cela suffirait à justifier cette guerre, qui n'aurait pas été une guerre inutile. Elle était d'ailleurs inéluctable . les adversaires de l'Allemagne nationale-socialiste me l'avaient en fait imposée dès janvier 1933.

3

Les entreprises coloniales épuisent les peuples. - Les nouveaux mondes ne sont que des excroissances de l'ancien. Échec des blancs. - Matérialisme, fanatisme, alcoolisme et syphilis. - Des fils dénaturés. - Une unique direction pour l'expansion allemande: l'Est. - L'Europe aux Européens. - Le trop-plein de l'Asie prolifique.

Quartier Général du Führer,

6 février 1945.

Un peuple qui veut prospérer doit rester lié à sa terre. Un homme ne doit jamais perdre contact avec le sol sur lequel il a eu le privilège de naître. Il ne doit s'en éloigner que temporairement et toujours avec l'idée d'y revenir. Les Anglais, qui furent par nécessité des colonisateurs et qui furent de grands colonisateurs, se sont généralement conformés à cette règle.

De toute façon, j'estime important pour des continentaux de ne s'étendre qu'à la condition que soit assurée la continuité du sol entre le pays conquérant et les régions conquises. Ce besoin d'être enraciné est propre aux continentaux surtout, et je pense qu'il constitue une vérité pour les Allemands tout particulièrement. Cela explique sans doute que nous n'ayons jamais eu réellement la vocation coloniale. Qu'on prenne l'antiquité ou l'histoire moderne, il est visible que les entreprises au-delà des mers n'ont fait qu'appauvrir à la longue les nations qui s'y étaient vouées. Toutes, elles s'y sont épuisées. Toutes, par un juste retour des choses, ont fini par succomber sous la poussée des forces qu'elles avaient, soit suscitées, soit réveillées. Quel meilleur exemple que celui des Hellènes ?

Ce qui est vrai pour les Grecs anciens l'est de même pour l'époque moderne et pour les Européens. Il est indubitable que le repliement sur soi-même constitue pour les peuples une nécessité. Il suffit d'embrasser une période suffisamment longue pour trouver dans les faits une confirmation de cette idée.

L'Espagne, la France et l'Angleterre se sont anémiées, dévitalisées, vidées dans ces vaines entreprises coloniales. Les continents auxquels l'Espagne et l'Angleterre ont donné la vie, qu'elles ont créés de toutes pièces, ont acquis aujourd'hui une vie propre et résolument égoïste. Ils ont perdu jusqu'au souvenir de leurs origines, sinon en paroles. Ce sont néanmoins des mondes fabriqués, auxquels il manque une âme, une culture, une civilisation originales. De ce point de vue-là, ils ne sont rien de plus que des excroissances.

L'on peut parler de la réussite des nouveaux peuplements dans le cas des continents pratiquement vides. Cela explique les États-Unis d'Amérique, cela explique l'Australie. Des réussites, d'accord. Mais uniquement sur le plan matériel. Ce sont des constructions artificielles, des corps sans âge, dont on ignore s'ils ont dépassé l'état d'enfance ou s'ils sont touchés déjà par la sénilité. Dans les continents habités ; l'échec fut encore plus marqué. Là, les blancs ne se sont imposés que par la force, et leur action sur les habitants a été quasiment nulle. Les Hindous sont restés des Hindous, les Chinois des Chinois, les Musulmans des Musulmans. Pas de transformations profondes, sur le plan religieux moins que sur les autres et en dépit de l'effort gigantesque des missions chrétiennes. D'assez rares cas de conversions, et dont presque toujours l'on peut suspecter la sincérité, à moins qu'il ne s'agisse de simples d'esprit. Les blancs ont toutefois apporté quelque chose à ces peuples, le pire qu'ils pussent leur apporter, les plaies du monde qui est le nôtre : le matérialisme, le fanatisme, l'alcoolisme et la syphilis. Pour le reste, ce que ces peuples possédaient en propre étant supérieur à ce que nous pouvions leur donner, ils sont demeurés eux- mêmes. Ce qui fut tenté par la contrainte donna des résultats pires encore.

L'intelligence commanderait de s'abstenir d'efforts de ce genre, quand on sait qu'ils sont vains. Une seule réussite à l'actif des colonisateurs : ils ont partout suscité la haine. Cette haine qui pousse tous ces peuples, réveillés par nous de leur sommeil, à nous chasser. Il semble même qu'ils ne se soient réveillés que pour cela ! Qu'on me dise si la colonisation a fait augmenter le nombre des chrétiens par le monde ! Où sont les conversions en masse qui font le succès de l'Islam ? Je vois, çà et là, des îlots de chrétiens, de nom plus encore que de fait. Voilà tout le succès de cette magnifique religion chrétienne, détentrice de la suprême vérité !

Tout bien considéré, la politique coloniale de l'Europe se solde par un échec complet. Je tiens compte d'une apparente réussite, et uniquement sur le plan matériel : je veux parler de ce monstre qui a nom États-Unis. Et c'est vraiment un monstre. Alors que l'Europe - leur mère - lutte désespérément pour éloigner d'elle le péril bolcheviste, les États-Unis, guidés par cet enjuivé de Roosevelt, ne trouvent rien de mieux que de mettre leur fabuleuse puissance matérielle au service des barbares asiatiques qui tentent de l'écraser. En ce qui concerne le passé, l'on ne peut exprimer que des regrets à l'idée des millions de bons Allemands qui se sont expatriés aux États-Unis et qui constituent maintenant la charpente de ce pays. Or ce ne sont pas seulement des Allemands perdus pour la mère-patrie. Ils sont devenus pour elle des ennemis, des ennemis pires que les autres. L'Allemand expatrié, s'il conserve ses qualités sur le plan du sérieux et du travail, ne tarde pas à perdre son âme. Il n'y a rien de plus dénaturé qu'un Allemand dénaturé !

Nous devrons veiller à l'avenir à empêcher ces hémorragies de sang germanique. Aussi bien est-ce vers l'Est, toujours vers l'Est, que nous devrons canaliser les débordements de notre natalité. C'est la direction indiquée par la nature pour l'expansion des Germains. L'âpreté du climat qu'ils y rencontrent donne la possibilité aux nôtres de conserver leurs qualités d'hommes durs. Cela leur donne aussi, par l'effet des comparaisons qui s'imposent à leur esprit, la nostalgie de la mère-patrie.

Transplantez un Allemand à Kiev, il demeure un parfait Allemand. Transplantez-le à Miami, vous en faites un dégénéré, c'est-à-dire un Américain.

Si la politique coloniale n'est pas une vocation allemande, c'est là une raison pour que l'Allemagne ne se sente pas solidaire des pays qui pratiquent cette politique et pour qu'elle s'abstienne en toute circonstance de leur donner son appui à cette fin. Nous devrions imposer à l'Europe une doctrine de Monroe applicable à l'Europe : "L'Europe aux Européens !" Et cela signifierait que les Européens n'interviennent pas dans les affaires des autres continents.

Les descendants des convicts d'Australie doivent nous inspirer une totale indifférence. Si leur vitalité est insuffisante pour leur permettre d'augmenter à un rythme approprié la densité de leur population, qu'ils ne s'adressent pas à nous. Je ne vois pas d'inconvénient à ce que le vide de leur continent attire le trop-plein de l'Asie prolifique. Qu'ils se débrouillent entre eux. Je répète que cela n'est pas notre affaire.

Mon Testament Politique & Privé

4

Fallait-il entraîner Franco dans la guerre ? - Nous avons collaboré malgré nous à la victoire des curés espagnols. - Décadence irrémédiable des pays latins. - Il fallait occuper Gibraltar.

Quartier Général du Führer,

10 février 1945.

Je me suis demandé quelquefois si nous n'avions pas eu tort, en 1940, de ne pas entraîner l'Espagne dans la guerre. Il suffisait d'un rien pour l'y pousser, car en somme elle brûlait d'entrer, à la suite des Italiens, dans le club des vainqueurs.

Franco, évidemment, considérait que son intervention valait un prix élevé. Je pense néanmoins, en dépit du sabotage systématique de son jésuitique beau-frère, qu'il eût accepté de marcher avec nous à des conditions raisonnables : la promesse d'un petit morceau de France pour la satisfaction de son orgueil, et un substantiel morceau d'Algérie pour l'intérêt matériel. Mais comme l'Espagne ne pouvait rien nous apporter de tangible, j'ai jugé que son intervention directe dans le conflit n'était pas souhaitable. Bien sûr, cela nous eût permis d'occuper Gibraltar. En revanche, c'était la certitude d'ajouter des kilomètres de côtes à défendre sur l'Atlantique - de Saint-Sébastien jusqu'à Cadix. Avec supplémentairement cette conséquence possible : une reprise de la guerre civile, suscitée par les Anglais. Ainsi nous serions-nous trouvés liés à la vie à la mort avec un régime qui moins que jamais a ma sympathie, un régime de profiteurs capitalistes manœuvrés par la prêtraille ! Je ne puis pardonner à Franco de n'avoir pas su, la guerre civile achevée, réconcilier les Espagnols, d'avoir mis à l'écart les phalangistes à qui l'Espagne doit l'aide que nous lui avons donnée, et d'avoir traité comme des bandits d'anciens adversaires qui étaient fort loin d'être tous des rouges. Cela n'est pas une solution de mettre la moitié d'un pays hors la loi tandis qu'une minorité de pillards s'enrichit aux dépens de tous avec la bénédiction du clergé. Je suis certain que parmi les prétendus rouges espagnols il y avait très peu de communistes. Nous avons été trompés, car jamais je n'aurais accepté, sachant de quoi il s'agissait réellement, que nos avions servissent à écraser des faméliques et à rétablir dans leurs horribles privilèges les curés espagnols.

En somme, le meilleur service que l'Espagne pouvait nous rendre dans ce conflit, elle nous l'a rendu : faire en sorte que la péninsule ibérique en fût exclue. Il nous suffisait de traîner le boulet italien. Quelles que soient les qualités du soldat espagnol, l'Espagne, dans son état d'impréparation et de dénuement, nous aurait considérablement gênés au lieu de nous aider.

Je pense que cette guerre aura établi au moins une chose, à savoir la décadence irrémédiable des pays latins. Ils ont définitivement prouvé qu'ils ne sont plus dans la course et qu'ils n'ont plus le droit d'opiner dans le règlement des affaires du monde.

Le plus simple eût été de faire occuper Gibraltar par nos commandos, avec la complicité de Franco, mais sans entrée en guerre de sa part. Il est certain que l'Angleterre n'aurait pas pris prétexte de cela pour déclarer la guerre à l'Espagne. Elle eût été trop heureuse que celle-ci demeurât dans la non-belligérance. Quant à nous, cela nous évitait le risque d'un débarquement britannique sur les côtes du Portugal.

5

Le problème juif posé de façon réaliste. – L'étranger inassimilable. – Une guerre typiquement juive. – La fin du Juif honteux et l'avènement du Juif glorieux. – L'antisémitisme ne disparaîtra qu'avec les Juifs. – Contre les haines raciales. Faillite du métissage. – Juste orgueil des Prussiens. – Atticisme des Autrichiens. – Le type de l'Allemand moderne. Il n'y a pas à proprement parler de race juive. – Supériorité de L'esprit sur la chair! – J'ai été loyal à l'égard des Juifs.

Quartier Général du Führer,

13 février 1945.

Le mérite du national-socialisme, c'est qu'il a été le premier à poser le problème juif de façon réaliste.

Les Juifs ont toujours suscité l'antisémitisme. Les peuples non juifs, au cours des siècles, et des Égyptiens jusqu'à nous, ont tous réagi de la même manière. Un moment arrive où ils sont las d'être exploités par le Juif abusif. Alors ils s'ébrouent comme l'animal qui secoue sa vermine. Ils réagissent brutalement, ils finissent par se révolter. C'est là une façon de réagir instinctive. C'est une réaction de xénophobie à l'égard de l'étranger qui refuse de s'adapter, de se fondre, qui s'incruste, qui s'impose et qui vous exploite. Le Juif est par définition l'étranger inassimilable et qui refuse de s'assimiler.

C'est ce qui distingue le Juif des autres étrangers : il prétend avoir chez vous les droits d'un membre de la communauté tout en demeurant Juif. Il considère comme un dû cette possibilité de jouer simultanément sur deux tableaux, et il est seul dans le monde à revendiquer un aussi exorbitant privilège.

Le national-socialisme a posé le problème juif sur le plan des faits : en dénonçant la volonté de domination mondiale des Juifs, en s'attaquant à eux systématiquement, dans tous les domaines, en les éliminant de toutes les positions usurpées par eux, en les traquant partout avec la volonté bien établie de laver le monde allemand du poison juif. Il s'est agi pour nous d'une cure de désintoxication indispensable, entreprise à la dernière limite, sans quoi nous eussions été asphyxiés et submergés.

Réussissant cette opération en Allemagne, nous avions des chances qu'elle fît tache d'huile. Cela était même fatal, car il est normal que la santé triomphe de la maladie. Les Juifs furent aussitôt conscients de ce risque, et c'est la raison pour laquelle ils décidèrent de jouer leur va-tout dans la lutte à mort qu'ils déclenchèrent contre nous. Il leur fallait abattre le national-socialisme à n'importe quel prix, la planète dût-elle être détruite. Aucune guerre n'a été aussi typiquement que celle-ci, ni aussi exclusivement, une guerre juive.

Je les ai en tout cas obligés à jeter bas le masque. Et même si notre entreprise se solde par un échec, cet échec ne saurait être que provisoire. J'aurai ouvert les yeux du monde sur la réalité du péril juif.

Une des conséquences de notre attitude, c'est que nous avons rendu le Juif agressif. Or il est moins dangereux sous cette forme qu'à l'état sournois. Mieux vaut cent fois le Juif qui avoue sa race que le Juif honteux qui prétend ne différer de vous que par la religion. Si je gagne cette guerre, je mets un terme à la puissance juive dans le monde, je la blesse à mort. Si je perds cette guerre, cela n'assure pas davantage leur triomphe - car, eux, ils en perdraient la tête. Ils pousseraient l'arrogance à un tel degré qu'ils provoqueraient par là même le choc en retour. Ils continueraient, bien entendu, de miser sur les deux tableaux, de revendiquer dans tous les pays les avantages des nationaux, et sans renoncer à l'orgueil de demeurer de surcroît les membres de la race élue. Ce serait la fin du Juif honteux, remplacé par le Juif glorieux - aussi puant que l'autre, sinon plus. En sorte que l'antisémitisme ne saurait disparaître, les Juifs eux-mêmes l'alimentant et le ranimant sans cesse. Il faudrait que la cause disparût pour que disparût la réaction de défense. L'on peut faire confiance aux Juifs.

L'antisémitisme ne disparaîtra qu'avec eux.

Ceci étant dit en dehors de tout sentiment de haine raciale, il n'est souhaitable pour aucune race de se mêler à d'autres races. Le métissage systématique, et sans nier des réussites fortuites, n'a jamais donné de bons résultats. C'est une preuve de vitalité et de santé de la part d'une race de vouloir se préserver pure. Il est normal au surplus que chacun éprouve l'orgueil de sa race, et cela n'implique aucun mépris à l'égard des autres. Je n'ai jamais pensé qu'un Chinois ou un Japonais nous fussent inférieurs. Ils appartiennent à de vieilles civilisations, et j'admets même que leur passé soit supérieur au nôtre. Ils ont des raisons d'en être fiers comme nous sommes fiers de la civilisation à laquelle nous appartenons. Je pense même que plus les Chinois et les Japonais demeureront fiers de leur race, plus il me sera 'facile de m'entendre avec eux.

Cet orgueil basé sur l'appartenance à une race n'existe pas fondamentalement chez l'Allemand. Cela s'explique par ces trois derniers siècles de divisions intestines, par les guerres de religion, par les influences étrangères qu'il a subies, par l'influence du christianisme - car le christianisme n'est pas une religion naturelle aux Germains, c'est une religion importée et qui ne correspond pas à leur génie propre. L'orgueil de la race, chez l'Allemand, quand il se manifeste et prend même un air agressif, n'est qu'une réaction compensatrice du complexe d'infériorité qu'éprouvent beaucoup d'Allemands. Il va sans dire que cela ne s'applique pas aux Prussiens. Eux, depuis l'époque du grand Frédéric, ils ont acquis cet orgueil tranquille et simple qui est la marque des gens qui sont sûrs d'eux-mêmes et qui sont ce qu'ils sont sans ostentation. Du fait des qualités qui sont les leurs, les Prussiens étaient capables, et ils l'ont prouvé, de réaliser l'unité allemande. Le national-socialisme a essayé de donner à tous les Allemands cet orgueil qui était jusqu'ici la caractéristique des seuls Prussiens.

Les Autrichiens ont dans le sang un orgueil analogue à celui des Prussiens, né du fait que durant des siècles ils n'ont pas été dominés par d'autres peuples, qu'ils ont été au contraire, durant une longue période, ceux qui commandent et à qui l'on obéit. Ils ont accumulé l'expérience de la domination et du pouvoir, et c'est là qu'il faut voir la raison de l'atticisme que nul ne leur conteste.

Le national-socialisme fondra dans son creuset toutes les particularités de l'âme allemande. Il en sortira le type de l'Allemand moderne, travailleur, consciencieux, sûr de soi mais simple, orgueilleux non de ce qu'il représente à titre individuel mais de son appartenance à un grand ensemble qui fera l'admiration des autres peuples. Ce sentiment de supériorité en tant qu'Allemand n'implique aucun désir d'écrasement à l'égard des autres. Nous avons parfois exalté ce sentiment avec une certaine exagération, mais cela était nécessaire en fonction du point de départ, et il fallait que nous poussions les Allemands un peu brutalement dans la bonne voie. Un excès dans un sens provoque presque toujours un excès de sens contraire. C'est dans la nature des choses. Tout cela, au surplus, ne saurait se faire en un jour. Cela requiert le lent travail du temps. Frédéric le Grand est le vrai créateur du type prussien. En fait, il a fallu deux ou trois générations pour incarner ce type, pour que le style prussien devînt un caractère propre à chaque Prussien.

Notre racisme n'est agressif qu'à l'égard de la race juive. Nous parlons de race juive par commodité de langage, car il n'y a pas, à proprement parler, et du point de vue de la génétique, une race juive. Il existe toutefois une réalité de fait à laquelle, sans la moindre hésitation, l'on peut accorder cette qualification et qui est admise par les Juifs eux-mêmes. C'est l'existence d'un groupe humain spirituellement homogène dont les Juifs de toutes les parties du monde ont conscience de faire partie, quels que soient les pays dont, administrativement ils sont les ressortissants. C'est ce groupe humain que nous appelons la race juive. Or il ne s'agit nullement, bien que la religion hébraïque leur serve parfois de prétexte, d'une communauté religieuse ni d'un lien constitué par l'appartenance à une religion commune.

La race juive est avant tout une race mentale. Si elle a pour origine la religion hébraïque, si elle a en partie été façonnée par elle, elle n'est pas néanmoins d'essence purement religieuse, car elle englobe de la même façon les athées déterminés et les pratiquants sincères. À cela, il faut ajouter le lien constitué par les persécutions subies au cours des siècles et dont les Juifs oublient toujours qu'ils n'ont cessé de les provoquer. Anthropologiquement, les Juifs ne réunissent pas les caractères qui feraient d'eux une race unique. Il est pourtant indubitable que chaque

Juif recèle dans ses veines quelques gouttes de sang spécifiquement juif. Il serait impossible autrement d'expliquer la permanence, chez eux, de certains caractères physiques qui leur appartiennent en propre et qu'on retrouve invariablement chez des Juifs aussi différents, par exemple, que le Pollak et le Juif marocain - leur nez indécent, leur narine vicieuse, etc. Cela ne semble pouvoir s'expliquer par le type de vie qu'ils mènent, toujours semblable, de génération en génération, dans les ghettos principalement.

Une race mentale, c'est quelque chose de plus solide, de plus durable, qu'une race tout court. Transplantez un Allemand aux États-Unis, vous en faites un Américain. Le Juif, où qu'il aille, demeure un Juif. C'est un être par nature inassimilable. Et c'est ce caractère même, qui le rend impropre à l'assimilation, qui définit sa race. Voilà une preuve de la supériorité de l'esprit sur la chair !

Leur ascension foudroyante, au cours du XIXe siècle, a donné aux Juifs le sentiment de leur puissance et les a incités à jeter bas leur masque. Aussi est-ce une chance pour nous de pouvoir les combattre en tant que Juifs avérés et agressivement fiers de l'être. Étant donné la crédulité du peuple allemand, nous ne pouvons que nous louer de cet accès de sincérité de la part de nos plus mortels ennemis.

Je me suis montré loyal envers les Juifs. Je leur ai donné, à la veille de la guerre, un ultime avertissement. Je les ai prévenus que, s'ils précipitaient à nouveau le monde dans la guerre, ils ne seraient cette fois-ci pas épargnés - que la vermine serait définitivement exterminée en Europe. Ils ont répondu à cet avertissement par une déclaration de guerre, affirmant que partout où il y avait un Juif il y avait par définition un ennemi inexpiable de l'Allemagne nationale-socialiste.

L'abcès juif, nous l'avons crevé comme les autres. Le monde futur nous en sera éternellement reconnaissant.

6

Trop tôt et trop tard. - Le temps nous manque parce que l'espace nous manque. - Un État révolutionnaire fait une politique de petits bourgeois. - Erreur de la collaboration avec La France. - Nous devions émanciper le prolétariat français et libérer les colonies françaises. - J'avais raison dans Mein Kampf.

Quartier Général du Führer,

13 février 1945.

La fatalité de cette guerre, c'est que pour l'Allemagne elle a commencé à la fois beaucoup trop tôt et un peu trop tard. Du point de vue militaire, notre intérêt était qu'elle commençât un an plus ; tôt. J'aurais dû en prendre l'initiative en 38 au lieu de me la laisser imposer en 39, puisque de toute façon elle était inéluctable. Mais je n'y puis rien si les Anglais et les Français ont accepté, à Munich, toutes mes exigences !

En ce qui concerne l'immédiat, ce fut un peu trop tard, Mais, du point de vue de notre préparation morale, ce fut beaucoup trop tôt. Je n'avais pas encore eu le temps de former les hommes de ma politique. Il m'aurait fallu vingt ans pour amener cette nouvelle élite à maturité, une élite de jeunes qui auraient baigné dès l'enfance dans la philosophie national-socialiste. Notre drame, à nous Allemands, c'est que nous n'avons jamais le temps. Toujours les circonstances nous pressent. Et si le temps nous manque à ce point, c'est avant tout parce que l'espace nous manque. Les Russes, dans leurs vastes étendues, peuvent s'offrir le luxe de n'être pas. pressés. Le temps travaille pour eux. Il travaille contre nous. À supposer d'ailleurs que la Providence m'eût accordé une existence personnelle assez longue pour conduire mon peuple au degré de développement nécessaire sur la voie du national-socialisme, il est bien certain que les adversaires de l'Allemagne ne l'eussent pas permis. Ils auraient tenté de nous détruire avant qu'une Allemagne, cimentée par une foi unanime, nationale-socialiste de cœur et d'esprit, ne fût devenue invincible.

Faute des hommes formés selon notre idéal, il a bien fallu que nous nous servions des hommes qui existaient. Cela se voit au résultat ! Du fait de ce divorce entre la conception et la réalisation, la politique de guerre d'un État révolutionnaire comme le Troisième Reich fut, par la force des choses ; une politique de petits bourgeois réactionnaires. Nos généraux et nos diplomates, à part d'assez rares exceptions, sont des hommes d'un autre temps. Ils conduisent donc la guerre d'un autre temps, de même qu'ils font la politique extérieure d'un autre temps. Cela est vrai de ceux qui nous servent de bonne foi comme des autres. Les uns nous servent mal par incapacité ou par simple défaut d'enthousiasme, les autres par volonté délibérée de sabotage.

C'est à l'égard de la France que l'erreur de notre politique a été la plus complète. Il ne fallait pas collaborer avec eux. Cette politique qui les a servis, nous a desservis. Abetz s'est cru original en se faisant le champion de cette idée et en nous poussant dans cette voie. Il se croyait en avance sur les faits alors qu'en réalité il retardait. Il s'est figuré que nous avions affaire à la France de Napoléon, c'est-à-dire à une nation capable de comprendre et d'apprécier la portée d'un geste noble. Il a omis de voir ce qui est, c'est- à-dire que la France, en l'espace de cent ans, a changé de visage. Elle a pris celui d'une prostituée. C'est une vieille putain qui n'a cessé de nous tromper, de nous bafouer et de nous faire chanter.

Notre devoir était de libérer la classe ouvrière, d'aider les ouvriers de France à faire leur révolution. Il fallait bousculer impitoyablement une bourgeoisie de fossiles, dénuée d'âme comme elle est dénuée de patriotisme. Voilà quels amis nos génies de la Wilhelmstrasse nous ont trouvés en France, de tout petits calculateurs, qui se sont mis à nous aimer quand l'idée leur vint que nous occupions leur pays pour défendre leurs coffres-forts - et bien résolus à nous trahir à la première occasion, pour peu que ce fût sans risques !

En ce qui concerne les colonies françaises, nous n'avons pas été moins stupides. Toujours l'œuvre de nos génies de la Wilhelmstrasse ! Des diplomates du style classique, des militaires d'ancien régime, des hobereaux, voilà quels auxiliaires nous avons eus pour faire une révolution à l'échelle de l'Europe ! Ils nous ont fait faire la guerre qu'ils eussent faite au XIXe siècle. À aucun prix nous ne devions jouer la carte française contre les peuples qui subissaient le joug de la France. Nous devions au contraire les aider à se libérer de cette tutelle, les y pousser au besoin. Rien ne nous empêchait, en 1940, de faire ce geste dans le Proche-Orient et en Afrique du Nord. Eh bien, notre diplomatie s'est appliquée à consolider le pouvoir des Français aussi bien en Syrie qu'en Tunisie, en Algérie et au Maroc. Nos *gentlemen* préféraient certainement entretenir des rapports avec des Français distingués plutôt qu'avec des révolutionnaires hirsutes, avec des officiers à badine qui ne songeaient qu'à nous flouer plutôt qu'avec les Arabes - qui eussent été pour nous de loyaux partenaires. Oh, le calcul de ces machiavels de profession ne m'échappe pas. Ils connaissent leur métier, ils ont des traditions ! Ils n'ont pensé qu'au bon tour qu'ils jouaient ainsi aux Anglais, car ils en sont encore au fameux antagonisme traditionnel qui oppose Français et Anglais sur le plan colonial. C'est bien ce que je disais, ils se croient toujours sous le règne de Guillaume II, et dans le monde de la reine Victoria, dans celui de finauds qui s'appelaient Delcassé et Poincaré ! Or cet antagonisme a cessé d'être fondamental. C'est beaucoup plus une apparence qu'une réalité, et parce que chez nos adversaires aussi il y a encore des diplomates de l'ancienne école. En fait, l'Angleterre et la France sont des associés dont chacun joue son jeu personnel avec âpreté, qui ne reculent jamais devant les entorses faites à l'amitié mais qui se retrouvent toujours à l'heure du danger. La haine tenace du Français à l'égard de l'Allemand a quelque chose d'autrement profond. Il y a là pour nous une leçon à retenir.

De deux choses l'une en ce qui concerne la France. Ou bien elle abandonnait son alliée l'Angleterre, et en ce cas elle ne présentait aucun intérêt pour nous en tant qu'alliée éventuelle, car il est certain qu'elle nous eût abandonnés de même à la première occasion. Ou bien elle ne faisait que simuler par ruse ce changement de partenaire, et elle n'en était que plus redoutable pour nous. L'on a fait, de notre côté, des rêves absolument ridicules au sujet de ce pays. Il n'y avait véritablement qu'une formule souhaitable : adopter à l'égard de la France une politique de méfiance rigoureuse. Je sais que je ne me suis pas trompé en ce qui concerne la France. J'ai dit avec clairvoyance, dans *Mein Kampf*, ce qu'il fallait en penser. Et je sais très bien pourquoi, en dépit des sollicitations qui me furent faites, je n'ai jamais accepté de changer quoi que ce soit à mes propos d'il y a vingt ans.

7

La plus grave décision de cette guerre. – Pas de paix possible avec Les Anglais avant d'avoir anéanti l'armée rouge. – Le temps travaille contre nous. – Le chantage de Staline. – Règle ment du compte russe aux premiers beaux jours.

Quartier Général du Führer,

13 février 1945.

Je n'eus pas de décision plus grave à prendre, au cours de cette guerre, que celle d'attaquer la Russie. J'avais toujours dit que nous devions éviter à tout prix la guerre sur deux fronts, et personne ne doute d'autre part que j'aie médité plus que quiconque sur l'expérience russe de Napoléon. Alors pourquoi cette guerre contre la Russie, et pourquoi à la date que j'ai choisie ?

Nous avions perdu l'espoir de mettre fin à la guerre par une invasion réussie de l'Angleterre. Or ce pays, mené par des chefs stupides, se serait refusé à admettre notre hégémonie en Europe et à conclure une paix blanche avec nous aussi longtemps qu'eût subsisté sur le continent une grande puissance fondamentalement hostile au Reich. La guerre devait donc s'éterniser, une guerre à laquelle, derrière les Anglais, les Américains participeraient de plus en plus activement. L'importance du potentiel représenté par les États-Unis, le progrès sans cesse réalisé dans les armements (chez nos adversaires tout autant que chez nous), la proximité des côtes anglaises, tout cela faisait que nous ne pouvions raisonnablement nous enferrer dans une guerre de longue durée. Car le temps - toujours le temps ! - devait de plus en plus jouer contre nous.

Pour décider les Anglais à en finir, pour les contraindre à faire la paix, il fallait donc leur ôter l'espoir de nous opposer sur le continent un adversaire de notre taille, autrement dit l'armée rouge. Nous n'avions pas le choix, c'était une obligation inéluctable pour nous d'éliminer de l'échiquier européen le facteur russe. Nous avions pour cela une deuxième raison tout aussi valable et qui pouvait se suffire à elle-même : c'est l'immense danger que la Russie représentait pour nous du simple fait de son existence. Il était fatal en effet qu'elle nous attaquât un jour.

Notre chance de vaincre la Russie, la seule, était de prendre les devants, car l'idée d'une guerre défensive contre les Russes était insoutenable. Nous ne pouvions offrir à l'armée rouge l'avantage du terrain, lui prêter nos autostrades pour la ruée de ses chars, nos voies ferrées pour acheminer ses troupes et son matériel. Nous pouvions la battre chez elle, ayant pris nous-mêmes l'initiative des opérations, dans ses bourbiers, dans ses marécages - mais pas sur le sol d'un pays civilisé comme le nôtre. C'eût été lui préparer un tremplin pour qu'elle fondît sur l'Europe.

Pourquoi 1941 ? Parce qu'il fallait tarder le moins possible, et tarder d'autant moins qu'à l'Ouest nos adversaires ne cessaient d'accroître leur puissance. D'ailleurs Staline lui-même ne demeurait pas inactif. Sur les deux fronts, le temps travaillait contre nous. La question n'est donc pas : "Pourquoi le 22 juin 1941 déjà ?" mais "Pourquoi pas plus tôt ?" Sans les difficultés créées par les Italiens avec leur idiote campagne de Grèce, j'aurais attaqué les Russes quelques semaines plus tôt. Le problème a été pour nous de les immobiliser le plus longtemps possible. Ma hantise, au cours des dernières semaines, fut que Staline ne prît l'initiative avant moi.

Une autre raison, c'est que les matières premières détenues par les Russes nous étaient absolument indispensables. Malgré leurs engagements, ils freinaient leurs livraisons de plus en plus, et elles pouvaient cesser complètement d'un jour à l'autre. Ce qu'ils allaient ne plus nous livrer de bon gré, il fallait bien que nous allions en prendre possession nous-mêmes, sur place, et par la force. Ma décision fut prise aussitôt après la visite de Molotov à Berlin, en novembre, car je savais dès lors qu'à plus ou moins brève échéance Staline nous abandonnerait pour passer dans le camp adverse. Gagner du temps afin d'être mieux préparés ? Non, puisque cela nous faisait perdre l'initiative. Non encore, parce que le répit précaire que nous nous fussions assuré, il eût fallu le payer très cher. Il aurait fallu céder au chantage des Bolcheviks en ce qui concerne la Finlande, la Roumanie, la Bulgarie et la Turquie. Or il ne pouvait en être question. Ce n'était pas le rôle du Troisième Reich, défenseur et protecteur de l'Europe, de sacrifier ces pays amis sur l'autel du Communisme. Un tel comportement nous aurait déshonorés, et au surplus nous en eussions été punis. Du point de vue de la morale autant que de la stratégie, c'eût été un misérable calcul. Quoi que nous fissions, la guerre de Russie n'en demeurait pas moins inévitable, et nous courions le risque supplémentaire de l'entreprendre dans de plus mauvaises conditions.

J'avais donc décidé, tout de suite après le départ de Molotov, que nous réglerions le compte russe dès les premiers beaux jours.

8

*Un peuple qui d'instinct n'aime pas les entreprises coloniales.
- Louisiane et Mexique.*

Quartier Général du Führer,

15 février 1945.

Nous avons manqué à notre devoir et méconnu nos intérêts en ne libérant pas, dès 1940, le prolétariat français. De même en ne libérant pas les protégés français d'outre- mer.

Le peuple de France ne nous en aurait sûrement pas voulu de le décharger du fardeau de l'Empire. Dans ce domaine, le peuple de ce pays a toujours manifesté plus de bon sens que ses prétendues élites. Il a mieux que ses élites l'instinct de l'intérêt véritable de la nation. Sous Louis XV aussi bien que sous Jules Ferry il s'est révolté contre l'absurdité des entreprises coloniales. Je ne sache pas que Napoléon ait été impopulaire pour avoir bazardé la Louisiane. C'est inouï, en revanche, la désaffection que s'est value son incapable neveu en allant guerroyer au Mexique !

9

Certains Français furent des Européens courageux. - Le prix de la clairvoyance et de la bonne foi.

Quartier Général du Führer,

15 février 1945.

Je n'ai jamais aimé la France ni les Français, et je n'ai cessé de le proclamer. Je reconnais néanmoins qu'il y a parmi eux des hommes de valeur. Il est indubitable, au cours de ces dernières années, que de nombreux Français ont joué avec une entière sincérité et un grand courage la carte de l'Europe. Ce qui prouve la bonne foi de ces précurseurs, c'est la sauvagerie avec laquelle leurs propres compatriotes leur ont fait payer leur clairvoyance et leur foi.

10

Une de mes erreurs: mon attitude à l'égard de l'Italie. L'allié italien nous a gênés presque partout. – Une politique ratée en ce qui concerne l'Islam. – Déshonorants échecs des Italiens. – Les Italiens auront contribué à nous faire perdre La guerre. – La vie ne pardonne pas à la faiblesse.

Quartier Général du Führer,

17 février 1945.

À juger froidement les événements, abstraction faite de toute sentimentalité, je dois reconnaître que mon amitié indéfectible pour l'Italie et pour le Duce pourrait être portée au compte de mes erreurs. Il est visible en effet que l'alliance italienne a rendu plus de services à nos ennemis qu'elle ne nous en a rendu à nous-mêmes.

L'intervention de l'Italie ne nous aura apporté qu'une aide minime en regard des difficultés nombreuses qu'elle a suscitées pour nous. Elle aura contribué, si nous ne la gagnons pas en dépit de tout, à nous faire perdre la guerre !

Le plus grand service que l'Italie pouvait nous rendre, c'était de rester à l'écart du conflit. Cette abstention lui eût valu de notre part tous les sacrifices tous les cadeaux. Qu'elle se cantonnât dans, ce rôle et nous l'eussions comblée de faveurs. En, cas de victoire, nous en eussions partagé avec elle les avantages et la gloire. Nous eussions collaboré de tout cœur à la création du mythe historique de la primauté des Italiens, fils légitimes des Romains. Tout valait mieux que de les avoir comme combattants à nos côtés !

L'intervention de l'Italie, en juin 40, pour donner le coup de pied de l'âne à une armée française en liquéfaction, a eu pour seul effet de ternir une victoire que nos vaincus avaient alors sportivement acceptée. La France reconnaissait qu'elle avait été régulièrement battue par les armées du Reich, mais elle ne voulait pas avoir été battue par l'Axe.

L'allié italien nous a gênés presque partout. C'est ce qui nous a empêchés, en Afrique du Nord, par exemple, de faire une politique révolutionnaire. Par la force des choses, cet espace devenait une exclusivité italienne, et c'est bien à ce titre qu'il fut revendiqué par le Duce. Seuls ; nous aurions pu émanciper les pays musulmans dominés par la France. Cela aurait eu un retentissement énorme en Égypte et dans le Proche-Orient asservis par les Anglais. D'avoir notre sort lié à celui des Italiens, cela rendait une telle politique impossible. Tout l'Islam vibrait à l'annonce de nos victoires. Les Égyptiens, les Irakiens et le Proche-Orient tout entier étaient prêts à se soulever. Que pouvions-nous faire pour les aider, pour les pousser même, comme c'eût été notre intérêt et notre devoir. La présence à nos côtés des Italiens nous paralysait, et elle créait un malaise chez nos amis de l'Islam, car ils voyaient en nous des complices, volontaires ou non, de leurs oppresseurs. Or les Italiens, dans ces régions, sont encore plus haïs que les Français et les Anglais. Le souvenir des barbares représailles exercées contre les Senoussis y est toujours vivant. Et d'autre part la ridicule prétention du Duce d'être considéré comme le *Glaive de l'Islam* entretient encore le long ricanement qu'elle suscita avant la guerre. Ce titre qui convient à Mahomet et à un grand conquérant comme Omar, Mussolini se l'était fait donner par quelques pauvres bougres, qu'il avait payés ou terrorisés. Il y avait une grande politique à faire à l'égard de l'Islam. C'est raté - comme tant d'autres choses que nous avons ratées par fidélité à l'alliance italienne !

Les Italiens, sur ce théâtre d'opérations, nous ont donc empêchés de jouer l'une de nos meilleures cartes : qui consistait à émanciper tous les protégés français et à soulever les pays opprimés par les Britanniques. Cette politique aurait suscité l'enthousiasme dans tout l'Islam. C'est en effet une particularité du monde musulman que ce qui touche les uns, en bien ou en mal, y est ressenti par tous les autres, des rives de l'Atlantique à celles du Pacifique.

Sur le plan moral, l'effet de notre politique fut doublement désastreux. D'une part, nous avons blessé, sans avantage pour nous, l'amour-propre des Français. D'autre part, cela nous a contraints de maintenir la domination exercée par ceux-ci sur leur Empire, par simple crainte que la contagion ne s'étendît à l'Afrique du Nord italienne et que celle-ci ne revendiquât également son indépendance. Je puis bien dire que ce résultat est désastreux puisque, maintenant, tous ces territoires sont occupés par les Anglo- Américains. Notre absurde politique a même permis aux Anglais hypocrites de paraître en libérateurs en Syrie, en Cyrénaïque et en Tripolitaine.

Du point de vue purement militaire, cela n'est guère plus brillant ! L'entrée en guerre de l'Italie a presque immédiatement donné à nos adversaires leurs premières victoires, ce qui a permis à Churchill de ranimer le courage de ses compatriotes et rendu l'espoir â tous les Anglophiles à travers le monde. Quoique incapables déjà de tenir en Abyssinie et en Cyrénaïque, les Italiens ont eu l'aplomb, sans nous demander notre avis et même sans nous en prévenir, de se jeter dans une campagne absolument inutile contre la Grèce. Leurs déshonorants échecs ont suscité la hargne à notre égard de certains Balkaniques. C'est là, et pas ailleurs, qu'il faut rechercher les causes du raidissement et de la volte-face des Yougoslaves au printemps 1941. Cela nous a conduits, contrairement à tous nos plans, à intervenir dans les Balkans, d'où un retard catastrophique dans le déclenchement de la guerre contre la Russie. Nous avons émoussé là quelques-unes de nos meilleures divisions. Enfin cela nous a obligés à occuper des territoires immenses où sans cela nos troupes n'eussent pas été nécessaires. Les pays balkaniques se fussent volontiers cantonnés dans une neutralité bienveillante â notre égard. Quant à nos parachutistes, j'eusse préféré les lâcher sur Gibraltar plutôt que sur Corinthe et sur la Crète !

Ah si les italiens étaient demeurés à l'écart de la guerre ! S'ils étaient restés en état de non-belligérance ! Étant donné l'amitié et les intérêts qui nous lient, quelle valeur ce comportement aurait eue pour nous ! Les Alliés eux-mêmes se fussent réjouis, car même s'ils n'avaient pas une idée très élevée de la puissance militaire de l'Italie, ils ne pouvaient croire à une telle faiblesse de sa part. Ils auraient considéré comme une aubaine de neutraliser la force qu'ils lui attribuaient. Mais comme ils ne pouvaient lui faire confiance, cela les eût obligés à immobiliser de nombreuses troupes dans son voisinage, afin de parer au risque d'une intervention toujours menaçante, toujours possible, sinon probable. Cela représentait pour nous des soldats britanniques immobilisés, ne faisant ni l'expérience de la guerre ni celle des victoires en somme une sorte de cc drôle de guerre o qui se fût prolongée à notre seul bénéfice.

Une guerre qui dure profite à l'adversaire dans la mesure où elle lui permet de s'aguerrir. J'avais l'espoir de conduire toute cette guerre sans donner à l'adversaire ni l'occasion ni le temps d'apprendre quoi que ce soit dans l'art de combattre. C'est' le résultat que nous avons obtenu en Pologne, en Scandinavie, en Hollande, en Belgique et en France. Des victoires rapides, avec des pertes minimes de part et d'autre, des victoires nettes et propres, comportant néanmoins l'anéantissement de nos adversaires.

Si la guerre était demeurée une guerre conduite par l'Allemagne, et non par l'Axe, nous aurions pu attaquer la Russie dès le 15 mai 1941. Forts de n'avoir à notre actif que des victoires totales et indiscutables, nous pouvions terminer la campagne avant l'hiver. Tout changeait !

Par reconnaissance (car je ne puis oublier l'attitude du Duce au moment de l'Anschluss), je me suis toujours abstenu de critiquer et de juger l'Italie. Je me suis appliqué au contraire à la traiter toujours en égale. Les lois de la vie montrent malheureusement que c'est une erreur de traiter en égaux ceux qui ne sont pas réellement vos égaux. Le Duce était mon égal. Peut-être même m'était-il supérieur du point de vue de ses ambitions à l'égard de son peuple. Mais ce qui compte, ce ne sont pas les ambitions, ce sont les faits.

Nous Allemands, nous devons toujours nous souvenir que dans des cas semblables mieux vaut pour nous la solitude. Nous avons tout à perdre, rien à gagner, en nous liant étroitement avec des éléments faibles et en choisissant au surplus des partenaires qui ont donné de fréquentes preuves de leur versatilité. J'ai souvent dit que là où se trouvait l'Italie, là était la victoire. J'aurais dû dire que là où est la victoire, là se trouve l'Italie !

Mon attachement à la personne du Duce n'a pas changé, ni mon amitié instinctive pour le peuple italien. Mais je regrette de n'avoir pas écouté la raison qui me commandait une amitié brutale à l'égard de l'Italie. Je l'aurais manifestée aussi bien dans l'intérêt personnel du Duce que dans celui de son peuple. Je sais évidemment qu'il ne m'aurait pas pardonné cette attitude, je sais qu'il s'en serait offusqué. Mais à cause de ma mansuétude des choses sont arrivées qui auraient pu ne pas arriver, des choses qui n'étaient pas fatales. La vie ne pardonne pas à la faiblesse.

11

Un prétexte en or pour Roosevelt. - Rien ne pouvait empêcher l'entrée en guerre des États-Unis. - L'obsession du péril jaune. - Solidarité avec Les Japonais.

Quartier Général du Führer,

17 février 1945.

L'intervention du Japon dans la guerre ne comporte pas d'ombres de notre point de vue, bien qu'il soit évident que les Japonais aient fourni de la sorte un prétexte en or à Roosevelt pour lancer les États-Unis contre nous. Mais Roosevelt, poussé par la juiverie, était bien résolu à faire la guerre pour anéantir le national-socialisme et il n'avait guère besoin qu'on lui fournît des prétextes. Ces prétextes indispensables, pour vaincre la résistance de ses isolationnistes, il était tout à fait capable de les fabriquer lui-même. Un faux de plus ne l'aurait pas gêné.

Bien sûr, l'ampleur du désastre de Pearl Harbour fut une aubaine pour lui. C'est exactement ce qu'il lui fallait pour entraîner ses concitoyens dans la guerre totale et pour annihiler dans son pays l'opposition des derniers résistants. Il a tout fait pour provoquer les Japonais. Ce fut la réédition, sur une plus vaste échelle, de la manœuvre qui réussit si bien à Wilson au cours de la première guerre mondiale : le torpillage du *Lusitania,* diaboliquement provoqué, prépara psychologiquement les Américains à entrer dans la guerre contre l'Allemagne. Si l'intervention des Américains n'a pu être. évitée en 1917, il est bien évident que vingt-cinq ans plus tard cette intervention était inscrite dans la logique des événements. Elle était absolument inéluctable.

C'est en 1915 seulement que la juiverie mondiale décida de miser à fond sur les Alliés. Mais dans notre cas, c'est en 1933 déjà, dès la naissance du Troisième Reich, que cette juiverie nous déclara tacitement la guerre. Or l'influence des Juifs n'a fait que croître aux États-Unis au cours de ce dernier quart de siècle. L'entrée en guerre des États-Unis étant fatale, ce fut une chance inappréciable pour nous d'avoir d'emblée à nos côtés un partenaire de la valeur du Japon. Ce fut une chance du même ordre pour les Juifs. Ils trouvaient là l'occasion si longtemps attendue par eux d'impliquer directement les États-Unis dans leur guerre, et ce fut un coup de maître de leur part d'y parvenir en faisant l'unanimité des Américains. Ceux-ci, après leurs désillusions de 1919, étaient peu désireux d'intervenir à nouveau dans une guerre européenne. En revanche, ils étaient plus que jamais obsédés par l'idée du péril jaune. Quand on prête aux Juifs, on prête à des riches, et l'on peut donc leur prêter les desseins les plus machiavéliques. Je suis convaincu, en l'occurrence, qu'ils ont vu très loin et qu'ils ont envisagé la possibilité de faire abattre par une puissance blanche cet Empire du Soleil-Levant devenu une puissance mondiale, et depuis toujours réfractaire à leur contamination.

Pour nous, le Japon sera toujours un allié et un ami. Cette guerre nous aura appris à l'estimer et à le respecter toujours davantage. Elle doit nous inciter à resserrer les liens qui nous unissent à lui. Il est sans doute regrettable que les Japonais ne soient pas entrés en guerre contre la Russie, et le même jour que nous. Si tel avait été le cas, les armées de Staline n'assiégeraient pas Breslau en ce moment ni ne camperaient dans Budapest.

Nous aurions liquidé le bolchevisme avant l'hiver 1941, et Roosevelt aurait certainement hésité à s'en prendre à des adversaires de notre taille. De même pouvons-nous regretter que les Japonais n'aient pas pris Singapour en 1940 déjà, tout

de suite après la défaite de la France. Les États-Unis, à la veille d'une élection présidentielle, eussent été dans l'impossibilité d'intervenir. Ce fut là aussi un tournant de la guerre.

En dépit de tout, les Japonais et nous demeurons absolument solidaires. Nous vaincrons ensemble, ou nous disparaîtrons ensemble. Dans le cas où nous devrions disparaître les premiers, je vois mal les Russes continuant de faire jouer le mythe de la "solidarité asiatique" en faveur des Japonais !

Adolf Hitler

12

Il fallait occuper Gibraltar en 1940. – Faiblesse congénitale des pays latins. – Les Anglais trompés par la France. – Malentendus avec le Duce. – La funeste campagne de Grèce.

Quartier Général du Führer,

20 février 1945.

Nous aurions dû prendre Gibraltar en été 1940, tout de suite après l'écrasement de la France, en profitant à la fois de l'enthousiasme que nous avions soulevé en Espagne et du choc subi par l'Angleterre.

Mais l'ennui, à ce moment-là, c'est qu'il eût été difficile d'empêcher l'Espagne d'entrer à nos côtés dans la guerre - de même qu'il nous fut impossible, quelques semaines auparavant, d'empêcher l'Italie de voler au secours de notre victoire.

Ces pays latins ne nous portent pas chance. Leur outrecuidance est en proportion directe de leur faiblesse, et cela fausse tout le jeu. Nous n'avons pu retenir les Italiens dans leur désir de briller sur les champs de bataille. Nous étions pourtant prêts à leur accorder un brevet d'héroïsme et les bénéfices de la gloire militaire, tous les avantages d'une guerre gagnée - mais à la seule condition de n'y point participer.

En ce qui concerne les Anglais, ils ont été trompés encore plus que nous par leur alliée latine. Il est évident, en effet, que Chamberlain ne serait pas entré en guerre s'il s'était rendu compte du degré de décomposition où se trouvait la France. Car celle-ci devait, dans l'esprit des Anglais, supporter tout le poids de la guerre terrestre sur le continent. Rien n'était plus facile à Chamberlain après avoir versé quelques larmes de crocodile sur le sort de la Pologne, que de laisser dépecer ce pays.

Les pays latins cumulent la faiblesse matérielle avec la prétention la plus ridicule. Qu'il s'agisse de l'Italie amie ou de la France ennemie, leur faiblesse à toutes deux nous aura donc été également fatale.

Les seuls malentendus qui aient existé entre le Duce et moi ont eu pour origine les précautions que j'ai parfois été contraint de prendre. En dépit de la confiance totale que j'avais en lui, j'ai dû lui laisser ignorer mes intentions chaque fois qu'une indiscrétion aurait pu desservir nos projets. Si, moi, j'avais confiance en Mussolini, lui avait confiance en Ciano - lequel n'avait pas de secrets pour les jolies femmes qui papillonnaient autour de lui. Nous sommes payés pour le savoir ! Quant à nos adversaires, ils payaient pour savoir et beaucoup de secrets parvenaient ainsi jusqu'à eux.

J'avais donc de bonnes raisons de ne pas toujours

tout dire au Duce. Il est regrettable qu'il ne l'ait pas compris, qu'au contraire il m'en ait voulu et qu'il m'ait rendu la pareille.

Décidément, les Latins nous fichent la poisse ! Pendant que je me rendais à Montoire pour y avaliser une ridicule politique de collaboration avec la France, puis à Hendaye pour y subir l'accolade d'un faux ami, un troisième Latin (qui celui-là était mon ami) profitait du fait que j'étais occupé ailleurs pour mettre en branle sa funeste campagne contre la Grèce.

13

Nécessité de la paix pour consolider le Troisième Reich. L'homme abstrait et les doctrines utopistes. - Le national-socialisme est une doctrine réaliste, valable uniquement pour l'Allemagne. - La guerre, si elle avait eu lieu en 1938, eût été une guerre localisée. - Ce qui se serait passé. - Coup double pour les Occidentaux.

Quartier Général du Führer

20 février 1945.

Nous avions besoin de la paix pour édifier notre œuvre. J'ai toujours voulu la paix. Nous avons été acculés à la guerre par la volonté de nos adversaires. Et virtuellement la menace de guerre existait depuis janvier 1933, depuis la prise du pouvoir.

D'un côté, il y a les Juifs et tous ceux qui spontanément leur emboîtent le pas. De l'autre côté, ceux qui adoptent en politique une vue réaliste des choses. Cela représente dans le monde, tout au cours de l'histoire, deux familles d'esprits absolument inconciliables.

Il y a d'un côté ceux qui veulent le bonheur d'un homme abstrait, qui poursuivent la chimère d'une formule de portée universelle. De l'autre côté, il y a les réalistes. Le national-socialisme ne s'intéresse qu'à l'humanité allemande, ne recherche que le bonheur de l'homme allemand.

Les universalistes, les idéalistes, les utopistes visent trop haut. En promettant un paradis inaccessible, ils trompent tout le monde. Quelle que soit leur étiquette, qu'ils prennent le nom de chrétiens, de communistes, d'humanitaristes, qu'ils soient sincères et stupides ou tireurs de ficelles et cyniques, ce sont tous en fait des fabricants d'esclaves. J'ai toujours envisagé, dans l'ordre des choses possibles, un paradis à notre portée. Cela signifie une amélioration du sort du peuple allemand.

Je me suis borné à promettre ce que je pouvais tenir et que j'avais l'intention de tenir. C'est là une des raisons de la haine universelle que j'ai suscitée. En ne faisant pas, comme tous mes adversaires, des promesses impossibles, je faussais la règle du jeu. Je me tenais à l'écart du syndicat des meneurs de peuples dont le but, tacite et inavoué, est l'exploitation de la crédulité humaine.

La doctrine nationale-socialiste, je l'ai toujours proclamé, n'est pas une doctrine d'exportation. Elle a été conçue pour le peuple allemand. Toute entreprise inspirée par le national-socialisme comporte nécessairement des objectifs limités et accessibles. Je ne puis donc croire ni à la paix indivisible ni à la guerre indivisible.

C'est à la veille de Munich que je me suis vraiment

rendu compte que les adversaires du Troisième Reich voulaient à tout prix avoir notre peau, et qu'il n'y avait pas de transaction possible avec eux. Quand le grand bourgeois capitaliste Chamberlain, armé de son trompeur parapluie, s'est dérangé pour venir discuter au Berghof avec ce parvenu de Hitler, il savait déjà qu'il nous ferait une guerre sans merci. Il était prêt à me dire n'importe quoi dans l'espoir de m'endormir. Son seul et unique but, en entreprenant ce voyage, était de gagner du temps. Notre intérêt à ce moment-là eût été de frapper les premiers et tout de suite. Il fallait faire la guerre en 1938. C'était la dernière occasion pour nous de localiser la guerre.

Mais ils ont tout lâché. Ils ont cédé, comme des pleutres, à toutes nos exigences. Dans ces conditions-là, il était vraiment difficile de prendre l'initiative des hostilités. Nous avons manqué à Munich une occasion unique de gagner facilement et rapidement une guerre inévitable.

Bien que nous ne fussions pas prêts nous non plus, nous étions quand même mieux préparés que nos adversaires. Septembre 1938, c'était l'époque la moins défavorable pour attaquer. Et quelle possibilité de limiter le conflit !

Nous aurions donc dû provoquer alors l'explication par les armes qui s'imposait, et sans tenir compte des dispositions où se trouvaient nos adversaires de tout nous céder. En résolvant par les armes le problème des Sudètes, nous liquidions la Tchécoslovaquie en laissant tous les torts à Bénès. La solution de Munich ne pouvait être que provisoire, . car il est évident que nous ne pouvions tolérer au cœur de l'Allemagne l'abcès que constituait l'existence, si petite fût-elle, d'une Tchéquie indépendante. Nous avons crevé cet abcès en mars 1939, mais dans des conditions psychologiques plus défavorables que par les armes en 1938. Car, pour la première fois, nous nous mettions dans notre tort aux yeux de l'opinion publique mondiale.

Nous ne nous bornions plus à réunir des Allemands au Reich, nous établissions un protectorat sur une population non allemande.

La guerre, déclenchée en 1938, eût été une guerre rapide - pour l'émancipation des Sudètes, des Slovaques, des Hongrois et même des Polonais dominés par les Tchèques. La Grande-Bretagne et la France, surprises et débordées par le rythme des événements, seraient demeurées passives, et cela d'autant plus que l'opinion mondiale eût été avec nous. Enfin, la Pologne, principal appui de la politique française en Europe orientale, eût été à nos côtés. La Grande-Bretagne et la France, en nous faisant la guerre pour ce motif, auraient perdu la face. Je suis sûr d'ailleurs qu'elles ne l'auraient pas faite, ce qui ne leur aurait pas moins fait perdre la face. Les armes ayant parlé, nous eussions pu régler ultérieurement les autres problèmes territoriaux pendants en Europe orientale et dans les Balkans sans susciter d'intervention de la part de ces deux pays désormais discrédités aux yeux de leurs protégés. En ce qui nous concerne, nous gagnions ainsi le temps nécessaire pour nous consolider, et nous retardions de plusieurs années la guerre mondiale, pour peu qu'elle se révélât fatale.

Il est possible de penser qu'au sein des nations pourvues, la sclérose et le goût du confort l'eussent emporté sur la haine congénitale qu'elles nourrissent à notre égard, et cela d'autant plus facilement qu'elles se seraient aperçues que, réellement, toutes nos revendications étaient orientées à l'Est. Nos adversaires se seraient même leurrés de l'espoir de nous voir nous épuiser dans cet effort. De toute façon, ils faisaient coup double - en s'assurant la paix à l'Ouest, d'une part, et en profitant d'autre part de l'affaiblissement des Russes dont la puissance en marche constituait également une préoccupation pour eux, quoique à un moindre degré que la nôtre.

14

Drame de la guerre avec l'Amérique. Contribution des Germains à la grandeur des États-Unis. - La faillite du New Deal et la guerre. - Possibilités de coexistence pacifique entre les États-Unis et l'Allemagne. - Les Américains deviendront antisémites. - Roosevelt, une fausse idole. - Pas de politique coloniale, une grande politique continentale.

Quartier Général du Führer,

24 février 1945

Cette guerre avec l'Amérique est un drame. Elle est illogique, elle n'a pas de bases réelles.

Ce sont les hasards de l'histoire qui ont voulu, en même temps que je prenais le pouvoir en Allemagne, que Roosevelt, l'homme choisi par les Juifs, ait pris les commandes aux États-Unis. Sans les Juifs, et sans leur homme de main, tout eût pu être différent. Car tout devait porter l'Allemagne et les États-Unis, sinon à se comprendre et à sympathiser, du moins à se supporter réciproquement sans que cela requière d'efforts particuliers de leur part. Les Allemands, en effet, ont puissamment contribué à peupler l'Amérique. C'est nous qui avons fait le ' plus grand apport de sang nordique aux États-Unis. Et c'est un fait aussi que Steuben a joué un rôle déterminant dans la guerre d'Indépendance.

La dernière grande crise économique a frappé l'Allemagne et les États-Unis pour ainsi dire simultanément et avec la même brutalité. Nous nous en sommes tirés par des moyens assez semblables. L'opération, quoique fort difficile, fut de notre côté une réussite. Chez eux ; où elle était pourtant extraordinairement facile à réaliser, elle fut médiocrement réussie par Roosevelt et ses conseillers juifs. La faillite du *New Deal* est pour beaucoup dans leur frénésie guerrière. Les États-Unis pourraient pratiquement vivre en économie autarcique, et notre rêve, à nous, serait d'y parvenir. Ils disposent, eux, d'un territoire immense et qui offre une issue facile à toutes les énergies. Pour ce qui est de l'Allemagne, nous espérons pouvoir un jour lui assurer une indépendance économique totale dans un espace à la mesure de son potentiel humain. Un grand peuple a besoin d'un grand espace,

L'Allemagne n'attend rien des États-Unis, et ils n'ont absolument rien à craindre de l'Allemagne. Tout concorde pour que nous coexistions, chacun pour soi, en parfaite harmonie. Ce qui gâche tout, malheureusement, c'est que la juiverie mondiale ait choisi ce pays pour y installer son plus puissant bastion. C'est cela, et uniquement cela, qui altère nos rapports et qui envenime tout.

Je ne donne pas plus de vingt-cinq ans aux Américains pour qu'ils comprennent d'eux- mêmes quel handicap constitue pour eux cette juiverie parasitaire, agrippée à leur peau et qui se nourrit de leur sang. C'est cette juiverie qui les entraîne dans des aventures qui au fond ne les concernent pas, où il s'agit d'intérêts qui ne sont pas les

leurs. Quelles raisons auraient les Américains non-juifs de partager les haines des Juifs et de marcher à leur remorque ? Il est fatal que d'ici un quart de siècle les Américains deviennent de violents antisémites, ou alors ils seront dévorés.

Si nous devions perdre cette guerre, cela signifierait que les Juifs nous ont vaincus. Leur victoire, alors, serait totale. Je me hâte d'ajouter qu'elle ne serait que momentanée. Dans ce cas, ce n'est sûrement pas en Europe que reprendrait la lutte contre eux, mais certainement aux États-Unis. C'est un pays encore jeune, qui n'a pas acquis la maturité conférée par l'âge, à qui manque exagérément le sens politique.

Pour les Américains, tout a été jusqu'ici scandaleusement facile. L'expérience et les difficultés les feront peut-être mûrir. Qu'étaient-ils au moment où naquit leur nation ? Des individus, venus de partout, qui se ruaient à la conquête de la fortune et qui disposaient pour apaiser leur faim d'un continent immense à défricher. Ce n'est que peu à peu, surtout dans de tels espaces, qu'une conscience nationale parvient à s'affirmer. Or cette collection d'individus appartenant à toutes les races, non encore liés entre eux par le ciment d'un esprit national, quelle proie désignée pour la rapacité des Juifs !

Les excès auxquels ils se sont livrés chez nous, et auxquels le national-socialisme a mis un terme, cela n'est rien si on les compare à ceux auxquels ils se livrent et se livreront toujours davantage sur leur nouveau terrain de chasse. Les Américains ne tarderont pas à s'apercevoir qu'ils ont adoré en Roosevelt une fausse idole et qu'en réalité cet enjuivé est un malfaiteur ~ aussi bien du point de vue des États-Unis que de celui de l'humanité tout entière. Il les a entraînés sur des voies qui ne sont pas les leurs, et tout particulièrement en leur faisant jouer un rôle actif dans un conflit qui ne les concernait nullement. Le minimum d'instinct politique leur eût inspiré l'idée de demeurer dans leur splendide isolement, de ne jouer dans ce conflit qu'un rôle d'arbitres. Avec un peu de maturité et un peu plus d'expérience, ils eussent sans aucun doute compris que leur intérêt majeur était de se cantonner, face à une Europe déchirée, dans une neutralité vigilante. En intervenant, ils se sont mis davantage encore sous la coupe de leurs exploiteurs juifs. Ceux-là, ils connaissent le monde et ils savent parfaitement ce qu'ils font mais de leur point de vue particulier de Juifs.

Le président des États-Unis, durant cette période cruciale, si le destin avait voulu que ce fût un autre que Roosevelt, ç'aurait pu être un homme capable d'adapter l'économie américaine aux nécessités du XXe siècle et d'être le plus grand président depuis Lincoln. La crise de 1930 ne fut qu'une crise de croissance, mais à l'échelle mondiale. Le libéralisme économique montrait qu'il n'était plus qu'une formule périmée. Il suffisait, ayant compris la signification de cette crise et sa portée, de lui trouver les remèdes appropriés. Voilà le rôle auquel se fût borné un grand président des États- Unis et qui lui eût valu une situation hors de pair sur l'échiquier mondial. Sans doute devait-il intéresser ses compatriotes aux grands problèmes internationaux, leur ouvrir les yeux sur la planète, mais les jeter dans la bagarre comme l'a fait ce criminel de Roosevelt, c'était une folie. Celui-ci a cyniquement abusé de leur ignorance, de leur naïveté, de leur crédulité. Il leur a fait voir le monde à travers l'optique juive, et il les a entraînés sur une voie qui leur sera fatale s'ils ne se ressaisissent à temps.

Les affaires des Américains ne sont pas nos affaires, et ce qui leur arrive me serait fort indifférent si leur comportement n'avait une répercussion directe sur notre destin et sur celui de l'Europe.

Une autre particularité qui aurait pu nous rapprocher des États-Unis, c'est que ni eux ni nous n'avons de politique coloniale. Les Allemands n'ont jamais eu véritablement

la vocation impérialiste. Je considère les tentatives de la fin du XIXe siècle comme un accident dans notre histoire. Notre défaite de 1918 aura eu au moins l'heureuse conséquence de nous arrêter sur cette voie fatale où les Allemands se laissaient sottement influencer par l'exemple des Français et des Anglais, jaloux d'une réussite dont ils ignoraient qu'elle serait à court terme.

C'est une justice à rendre au Troisième Reich qu'il n'a pas eu la nostalgie de ce passé aboli. Il s'est au contraire tourné résolument et courageusement vers l'avenir, vers la constitution de grands ensembles homogènes, vers une grande politique continentale. Or la vraie tradition des Américains est tout à fait semblable : ne pas se mêler des affaires des autres continents et interdire aux autres de se mêler des affaires du Nouveau Monde.

15

Les Allemands sont inévitablement pressés. - Les Russes ont le temps pour eux. - Un peuple au passé tragique. - Ni l'œuvre d'un homme, ni celle d'une génération. - Les Allemands n'ont cessé de lutter pour leur existence.

Quartier Général du Führer,

24 février 1945.

C'est un fait que nous gâchons toujours tout par la nécessité où nous sommes d'agir vite. Or agir vite, dans notre cas, c'est agir avec précipitation. Pour avoir le don de la patience, il nous faudrait aussi le temps et l'espace, et nous ne disposons ni de l'un ni de l'autre. Les Russes ont la chance d'avoir l'un et l'autre - sans compter la prédisposition à la passivité qui est la marque du tempérament slave.

Ils ont par-dessus le marché, grâce à la religion marxiste, tout ce qu'il faut pour rendre un peuple patient. Ils promettent le bonheur sur terre (ce qui distingue la religion marxiste de la religion chrétienne), mais dans le futur. Le Juif Mardochée Marx, en bon Juif, attendait le Messie. Il a transposé le Messie dans le matérialisme historique en plaçant la félicité terrestre au terme d'une évolution quasiment sans fin. Le bonheur est à votre portée, on vous le promet - mais il faut que vous laissiez se faire l'Évolution. sans la brusquer. Avec un truc comme ça, on tient les hommes ! Ce que Lénine n'a pas eu le temps d'accomplir, au tour de Staline de s'y attaquer, et ainsi de suite ! Le marxisme est très fort. Mais que penser du christianisme, autre enfant du judaïsme, qui, lui, peut se permettre de n'accorder le bonheur à ses fidèles que dans l'autre monde. C'est incomparablement plus fort !

Moi, je suis en proie à cette fatalité de devoir tout accomplir durant le temps d'une courte vie humaine. Je n'ai à mon service qu'une idéologie réaliste, accrochée à des faits tangibles, tributaire de promesses qui doivent s'incarner, et qui m'interdit de promettre la lune. Là où les autres disposent de l'éternité, je ne dispose, moi, que de quelques pauvres années. Ils savent qu'ils auront des successeurs qui reprendront leur œuvre au point exact où ils l'auront laissée, qui creuseront avec la même charrue le même sillon. J'en suis à me demander, en ce qui me concerne, s'il se trouvera parmi mes successeurs immédiats cet homme prédestiné pour ramasser le flambeau qui me sera échappé des mains.

L'autre fatalité, pour moi, c'est d'être au service d'un peuple au passé tragique, aussi instable que le peuple allemand, aussi versatile, et qui passe, selon les circonstances, d'un extrême à l'autre avec une aisance déconcertante. L'idéal dans mon, cas, eût été d'assurer d'abord l'existence du peuple allemand, de former ensuite une jeunesse profondément nationale-socialiste - puis de laisser aux générations futures la tâche de la guerre inévitable, pour peu que la puissance acquise alors par le peuple allemand n'ait pas fait reculer nos adversaires. Ainsi l'Allemagne eût été prête, matériellement et moralement. Elle eût disposé d'une administration, d'une diplomatie et d'une armée formées dès l'enfance selon nos principes. L'œuvre que j'ai entreprise pour promouvoir le peuple allemand à la place qui lui est due ne saurait malheureusement être l'œuvre d'un seul homme ni d'une seule génération. Je lui ai donné toutefois la notion de sa grandeur et lui ai insufflé le sentiment exaltant de la réunion de tous les Allemands au sein d'un grand Reich indestructible. J'ai semé la bonne semence. J'ai fait comprendre au peuple allemand la signification de la lutte qu'il mène pour son existence.

Rien ne pourra empêcher que cette moisson ne lève un jour prochain. L'Allemagne est un peuple jeune et fort. C'est un peuple qui a tout son avenir devant lui.

16

Churchill n'a pas su comprendre. - L'irréparable pouvait être évité. - Obligation d'attaquer les Russes afin de prévenir leur attaque. - Les Italiens nous empêchent d'entrer en campagne en temps utile. - Conséquences catastrophiques de notre retard. - Illusion d'une entente possible avec Staline.

Quartier Général du Führer,

24 février 1945.

En somme, ma décision de régler le sort de la Russie fut prise dès l'instant que la conviction s'imposa à moi que l'Angleterre s'entêterait. Churchill n'a pas su apprécier la sportivité dont j'ai fait preuve en évitant de créer de l'irréparable entre les Anglais et nous. Nous avons évité en effet de les anéantir à Dunkerque. Il aurait fallu pouvoir leur faire comprendre que l'acceptation par eux de l'hégémonie allemande sur le continent, à quoi ils s'étaient toujours opposés et que je venais de réaliser sans douleur, entraînerait pour eux les conséquences les plus favorables.

C'est à la fin de juillet déjà, juste un mois après l'écrasement de la France, que je m'aperçus que la paix nous échappait une fois de plus. Quelques semaines plus tard, je savais que nous ne réussirions pas à envahir la Grande-Bretagne avant les tempêtes d'équinoxe, faute d'avoir pu nous assurer d'emblée la maîtrise du ciel. Je savais donc que nous ne réussirions jamais à envahir la Grande-Bretagne.

L'attitude des Soviets pendant l'été 1940, le fait qu'ils avaient absorbé les pays baltes et la Bessarabie pendant que nous étions occupés à l'Ouest ne me laissait aucune illusion en ce qui touche leurs desseins. À supposer que j'en eusse conservé, la visite de Molotov, en novembre, eût suffi à les dissiper. Les propositions que me fit Staline, dès le retour de son ministre, ne pouvaient me tromper. Staline, cet imperturbable maître chanteur, voulait tout simplement gagner du temps et consolider ses bases de départ en Finlande et dans les Balkans. Il essayait de jouer avec nous comme le chat avec les souris.

Le drame pour moi, c'était l'impossibilité d'attaquer avant le 15 mai - et de toute façon, pour réussir du premier coup, il eût fallu ne pas frapper plus tard. Mais Staline eût pu déclencher beaucoup plus tôt cette guerre. Aussi bien, durant tout l'hiver, et particulièrement dès le printemps de 1941, je vécus dans l'obsession que les Russes n'en prissent l'initiative. En effet, les défaites italiennes en Albanie et en Cyrénaïque avaient fait lever un vent de révolte dans les Balkans. Elles ont porté atteinte, indirectement, à la foi qu'avaient alors dans notre invincibilité aussi bien nos ennemis que nos amis.

Il n'y a pas d'autre cause à la volte-face de la Yougoslavie - ce qui nous obligea à entraîner les

Balkans dans la guerre. Or c'est ce qu'à tout prix je m'étais efforcé d'éviter. Une fois engagés dans cette voie, nous eussions pu être tentés d'aller plus avant. Il va sans dire qu'au printemps de 1941 une faible partie seulement des forces que nous allions engager en Russie nous eût permis de libérer rapidement le Proche- Orient. Mais le danger était qu'en nous éloignant à ce point de nos bases nous ne donnions indirectement aux Russes le signal de nous attaquer. Ils l'eussent fait dans le courant de l'été, au plus tard en automne, et dans des conditions si désastreuses pour nous que cela nous ôtât tout espoir de l'emporter.

Les Soviets ont la patience de l'éléphant quand il s'agit des démocraties enjuivées. Ils savent que fatalement, à plus ou moins brève échéance, et sans recours à la guerre, ils parviendront à les dominer : du fait de leurs contradictions internes, du fait des crises économiques auxquelles elles ne sauraient échapper, du fait de leur perméabilité à l'intoxication marxiste. Mais ils savent, quand il s'agit du Troisième Reich, qu'il n'en va pas de même. Ils savent que dans tous les domaines, et plus encore dans la paix que dans la guerre, nous les surclassons en tout.

La patience des Soviets s'explique par la philosophie qu'ils pratiquent, qui leur permet d'éviter les risques et d'attendre le temps qu'il faut pour réaliser leurs desseins - une année, une génération, un siècle au besoin. Le temps ne leur coûte rien. Le marxisme promet en effet aux esclaves qu'il asservit le paradis terrestre, ni pour aujourd'hui toutefois, ni pour demain, simplement dans un futur indéterminé.

En dépit de cette patience, qui est à l'origine de leur force, les Soviets n'eussent pu cependant assister impassibles à la liquidation de l'Angleterre, car ils risquaient alors de se trouver seuls face à face avec nous - les États-Unis et le Japon se neutralisant. Et c'était la certitude pour eux qu'à l'heure et sur le terrain choisi par nous nous eussions réglé à notre avantage un vieux compte demeuré pendant entre nous.

Si j'ai dû prendre la décision d'en finir par les armes avec le bolchevisme, et cela le jour anniversaire de la signature du pacte de Moscou, j'ai le droit de penser que Staline avait pris une décision analogue à notre égard avant même de signer ledit pacte.

J'ai eu durant une année entière l'espoir qu'une entente sincère sinon amicale, pouvait s'établir entre la Russie de Staline et le Troisième Reich. J'imaginais qu'après quinze années de pouvoir le réaliste Staline s'était peut-être dégagé de la brumeuse idéologie marxiste et qu'il ne la conservait que comme un poison exclusivement réservé à l'usage externe. La façon brutale dont il décapita l'intelligentzia juive, qui avait rendu le service de hâter la décomposition de l'empire des tsars, pouvait encourager notre espoir. Je pensais qu'il ne voulait pas permettre à ces intellectuels juifs de provoquer de même la décomposition de l'empire totalitaire qui était son œuvre - cet empire stalinien qui n'est au fond que l'héritier spirituel de celui de Pierre le Grand.

De part et d'autre, dans un esprit d'implacable réalisme, nous eussions pu créer les conditions d'une entente durable : en délimitant exactement les zones d'influence attribuées à chacun, en bornant rigoureusement notre collaboration au domaine économique, et de telle sorte que chacun de nous y trouvât son compte. Une entente, en somme, les yeux grands ouverts et le doigt sur la détente !

17

La dernière chance de l'Europe. - Napoléon et la conquête de la paix. - Les tourments de Napoléon et les miens. - L'Angleterre toujours en travers de notre route. - Ceux qui vivent des divisions de l'Europe.

Quartier Général du Führer,

26 février 1945

J'ai été la dernière chance de l'Europe. L'Europe ne pouvait se faire à la suite d'une réforme volontairement décidée. Elle ne pouvait être conquise par le charme et la persuasion. Il fallait la violer pour la prendre.

L'Europe ne peut être construite que sur des ruines. Non sur des ruines matérielles mais sur la ruine conjuguée des intérêts privés, des coalitions économiques, sur la ruine des idées étroites, des particularismes périmés et du stupide esprit de clocher. Il faut faire l'Europe dans l'intérêt de tous et sans ménager personne. Napoléon l'avait parfaitement compris.

Je suis à même d'imaginer mieux que personne ce que furent les tourments de Napoléon, obsédé par la conquête de la paix et obligé de guerroyer sans cesse dans l'éternel espoir de la tenir enfin. Depuis l'été 1940, je vis les mêmes tourments.

Toujours cette même Angleterre qui se met en travers des intérêts du continent. Elle a vieilli et s'est affaiblie. Elle n'en est que plus méchante et plus vicieuse. Enfin elle est appuyée, dans cette action négative et contre nature, par les États-Unis, eux-mêmes inspirés et excités par toute cette juiverie internationale qui a vécu et qui espère continuer de vivre de nos divisions.

18

Une défaite qui ne saurait être que totale. - Image du Reich écartelé par ses vainqueurs. - Une Allemagne de transition. Résurrection de l'éternelle Allemagne. - Une règle de conduite pour les âmes fidèles. - Le premier peuple du continent. L'Angleterre et l'Italie si.... - Une France dégénérée et fatalement ennemie. - En attendant la montée des nationalismes asiatiques et africains. - Les États-Unis et la Russie face à face. - Une Russie dégagée du marxisme. - Labilité du colosse américain. - Le droit des peuples affamés. - Les chances de survie pour un peuple courageux.

Quartier Général du Führer,

2 avril 1945.

Si nous devons être battus dans cette guerre, il ne pourra s'agir pour nous que d'une défaite totale. Nos adversaires en effet ont claironné leur but en sorte que nous sachions que nous n'avons pas d'illusions à nourrir quant à leurs intentions. Qu'il s'agisse des Juifs, des bolchevistes russes ou de la meute de chacals qui aboient à leur suite, nous savons qu'ils ne poseront les armes qu'après avoir détruit, anéanti, pulvérisé l'Allemagne nationale-socialiste. Il est d'ailleurs fatal qu'un combat malheureux, dans une guerre comme celle-ci, où s'affrontent deux idéologies aussi contraires, ait pour conclusion une défaite totale. C'est un combat qui doit être mené, de part et d'autre, jusqu'à l'épuisement, et nous savons, en ce qui nous concerne, que nous lutterons jusqu'à la victoire ou jusqu'à la dernière goutte de sang.

Cette pensée est cruelle. J'imagine avec horreur notre Reich écartelé par ses vainqueurs, nos populations livrées aux débordements des sauvages bolcheviks et des gangsters américains. Cette perspective ne m'ôte pas la foi invincible que j'ai dans l'avenir du peuple allemand. Plus nous souffrirons, et plus sera éclatante la résurrection de l'éternelle Allemagne ! La particularité qu'a l'âme allemande d'entrer en léthargie lorsque son affirmation menace l'existence même de la nation nous servira une fois de plus. Mais, moi personnellement, je ne supporterais pas de vivre dans cette Allemagne de transition qui succéderait à notre IIIe Reich vaincu. Ce que nous avons connu en 1918 en fait d'ignominie et de trahison ne serait rien par comparaison à ce qu'il faudrait imaginer. Comment concevoir qu'après douze ans de national-socialisme une telle éventualité pourrait se produire ? Comment concevoir que le peuple allemand, privé désormais de l'élite qui l'a conduit aux sommets de l'héroïsme, pourrait, durant des années, se vautrer dans la fange ?

Quel mot d'ordre en ce cas, quelle règle de conduite pour ceux dont l'âme sera demeurée inébranlablement fidèle ? Replié sur lui-même, meurtri, ne vivant plus qu'en veilleuse, le peuple allemand devrait s'efforcer de respecter spontanément les lois raciales que nous lui avons données. Dans un monde qui sera de plus en plus perverti par le venin juif, un peuple immunisé contre ce venin doit finir à la longue par l'emporter. De ce point de vue, le fait d'avoir éliminé les Juifs d'Allemagne et de l'Europe centrale demeurera un titre de reconnaissance durable à l'égard du national-socialisme. La seconde préoccupation doit consister dans le maintien de l'union indissoluble entre tous les Allemands. C'est quand nous sommes tous réunis que nos qualités s'épanouissent : c'est quand nous cessons d'être des Prussiens, des Bavarois, des Autrichiens ou des Rhénans pour n'être plus que des Allemands. Les Prussiens, en prenant l'initiative de rassembler les Allemands dans le Reich de Bismarck, ont permis à notre peuple de s'affirmer ; en l'espace de quelques décennies, comme le premier peuple du continent. Moi-même, en les unissant tous dans le IIIe Reich national-socialiste, j'ai fait d'eux les bâtisseurs de l'Europe. Quoi qu'il arrive, les Allemands ne doivent jamais oublier que l'essentiel pour eux sera d'éliminer toujours les éléments de discorde entre eux et de rechercher avec une infatigable persévérance ce qui porte à les unir.

Pour ce qui est de l'étranger, il est impossible d'établir des règles rigides, car les données du problème changent constamment. J'écrivais, il y a vingt ans, qu'il n'y avait que deux alliés possibles, en Europe, pour l'Allemagne : l'Angleterre et l'Italie. La façon dont le monde a évolué au cours de cette période n'a pas permis d'incarner dans les faits la politique qui, logiquement, eût dû naître de cette constatation. Si les Anglais avaient encore la puissance impériale, ils n'avaient déjà plus les qualités morales nécessaires pour conserver leur empire. Apparemment, ils dominaient le monde. En fait, ils étaient eux-mêmes dominés par la juiverie. L'Italie, elle, avait renoué avec les ambitions de Rome. Elle en avait les ambitions, mais sans les autres caractéristiques une âme fortement trempée et la puissance matérielle. Son seul atout, c'était d'être dirigée par un vrai Romain. Quel drame pour cet homme ! Et quel drame pour ce pays ! Pour les peuples, aussi bien que pour les hommes, il est tragique d'avoir des ambitions privées du support matériel indispensable, privées à tout le moins de la possibilité de créer ce support.

Reste la France. J'ai écrit il y a vingt-cinq ans ce que j'en pensais. La France demeure l'ennemie mortelle du peuple allemand. Sa déliquescence et ses crises de nerfs ont pu parfois nous porter à minimiser l'importance de ses gestes. Fût-elle toujours plus faible, ce qui est dans l'ordre des probabilités, cela ne doit rien changer à notre méfiance. La puissance militaire de la France n'est plus qu'un souvenir, et il est certain que de ce point de vue-là elle ne nous inquiétera plus jamais. Cette guerre, quelle que soit son issue, aura du moins le mérite de faire passer la France au rang de puissance de cinquième ordre. Si elle demeure néanmoins dangereuse pour nous, c'est par son potentiel illimité de corruption et par son art de pratiquer le chantage. Donc, méfiance et vigilance. Que les Allemands prennent garde de ne jamais se laisser endormir par cette sirène !

Si l'on ne peut, en ce qui concerne l'étranger, se tenir à des principes rigides, car il y a toujours lieu de s'adapter aux circonstances il est en tout cas certain que l'Allemagne recrutera toujours ses amis les plus sûrs parmi les peuples foncièrement résistants à la contagion juive. Je suis persuadé que les Japonais, les Chinois et les peuples régis par l'Islam seront toujours plus proches de nous que la France, par exemple, en dépit de la parenté du sang qui coule dans nos veines. Le malheur veut que la France ait dégénéré au cours des siècles et que ses élites aient été subverties par l'esprit juif. Cela a pris de telles proportions que cela est irréparable. La France est condamnée à faire une politique juive.

En cas de défaite du Reich, et en attendant la montée des nationalismes asiatiques, africains et peut-être sud-américains, il ne restera dans le monde que deux puissances capables de s'affronter valablement : les États-Unis et la Russie soviétique. Les lois de l'histoire et de la géographie condamnent ces deux puissances à se mesurer, soit sur le plan militaire, soit simplement sur le plan économique et idéologique. Ces mêmes lois les condamnent à être les adversaires de l'Europe. L'une et l'autre de ces puissances auront nécessairement le désir, à `plus ou moins courte échéance, de s'assurer l'appui du seul grand peuple européen qui subsistera après la guerre - le peuple allemand. Je le proclame avec force : il ne faut à aucun prix que les Allemands acceptent de jouer le rôle d'un pion dans le jeu des Américains ou des Russes.

Il est difficile de dire en ce moment ce qui peut être le plus pernicieux pour nous, sur le plan idéologique, de l'américanisme enjuivé ou du bolchevisme. Les Russes, en effet, sous la contrainte des événements, peuvent se dégager complètement du marxisme juif pour ne plus incarner, dans son expression la plus féroce et la plus sauvage, que l'éternel panslavisme. Quant aux Américains s'ils, ne parviennent pas à secouer rapidement le joug des Juifs new-yorkais (qui ont l'intelligence du singe qui scie la branche sur laquelle il est perché), eh bien, ils ne tarderont pas à sombrer - avant même d'avoir atteint l'âge de raison. Le fait qu'ils allient tant de puissance matérielle à tant de labilité d'esprit évoque l'image d'un enfant atteint de gigantisme.

L'on peut se demander si, dans leur cas, il s'agit d'une civilisation-champignon, destinée à se défaire aussi vite qu'elle s'est faite.

Si l'Amérique du Nord ne réussit pas à construire une doctrine un peu moins puérile que celle qui lui sert actuellement de morale passe-partout, à base de grands principes creux et de science dite chrétienne, l'on peut se demander si elle demeurera longtemps un continent à prédominance de blancs. Il serait démontré que ce colosse aux pieds d'argile était tout juste capable, après une montée en flèche, de travailler à son autodestruction. Quel prétexte pour les peuples de race jaune devant ce subit effondrement ! Du point de vue du droit et de l'histoire, ils auraient exactement les mêmes arguments (ou la même absence d'arguments) qu'avaient les Européens du XVIe siècle pour envahir ce continent. Leurs masses prolifiques et sous-alimentées leur confèrent le seul droit que reconnaisse l'histoire, le droit qu'ont des affamés d'apaiser leur faim - à condition que ce droit soit appuyé par la force !

Aussi bien, dans ce monde cruel où les deux grandes guerres nous ont replongés, il est bien évident que les seuls peuples blancs qui aient des chances de survivre et de prospérer seront ceux qui savent souffrir et qui gardent le courage de lutter, même sans espoir, jusqu'à la mort. Ces qualités, seuls pourront y prétendre les peuples qui auront été capables d'extirper d'eux-mêmes le mortel poison juif.

Adolf Hitler

Déjà parus

Mon Testament Politique & Privé

ⓒmnia Veritas

Omnia Veritas Ltd présente :

Les Pamphlets de Louis-Ferdinand Céline

« ... que les temps sont venus, que le Diable nous appréhende, que le Destin s'accomplit. »

LF Céline

Un indispensable devoir de mémoire

ⓒmnia Veritas

Omnia Veritas Ltd présente :

Histoire des Juifs
en 5 volumes

Heinrich Graëtz

Un peuple qui connaît sa mission est fort, parce que sa vie ne se passe point à rêver et à tâtonner

ⓒmnia Veritas

Omnia Veritas Ltd présente :

Le silence de Heidegger et le secret de la tragédie juive

par

Roger Dommergue

Poser la question du silence de Heidegger

Un souci de vérité synthétique motive ce long exposé

www.ingramcontent.com/pod-product-compliance
Lightning Source LLC
Chambersburg PA
CBHW070506090426
42735CB00012B/2684